장자, 내 안의
우주

저자 박종무(朴鍾茂,1962-)

전주에서 2남3녀의 막내로 태어나 고교 졸업후 상경. 중등국어교사로 10여 년 근무. 문화일보 하계문예에 동화 당선(1992). 중국 쓰촨대(四川大) 불교언어문학 전공, 박사(2012). 지필문학 평론 부문 신인상(2013). 현재 관음문화연구소 연구원, 한국문학과종교학회 학술이사, 강북문협이사. 지은 책으로 동화집 『한 지붕 세 둥지』, 『내 옆에 오지 마』, 『숲속쥐와 동전 십환』(공저), 『우리나라 으뜸동화1』(공저), 산문집 『금강연가錦江戀歌』(한 · 중 동시출간), 공저 논문집으로 『南海佛教與海上絲綢之路學術研討會論文集』,『清涼山,華嚴經與文殊信仰-五臺山信仰國際學術研討會論文集』, 『天府文化研究(優雅時尚卷)』, 『天府文化研究(友善公益卷)』, 『項楚先生八十華誕賀壽文集』, 『문화세계의 창조와 세계시민』, 『종교와 공공성:감염병과 기후 위기 시대를 넘어설 수 있는 대안』 등이 있다.

제 목 장자, 내 안의 우주
발 행 2025년 12월
저 자 박종무
발행인 최진영
발행처 이새의나무
주 소 서울시 성북구 화랑로 211 성북벤처창업지원센터 209호
전 화 010-3846-0675
이메일 isownara@gmail.com
ISBN 979-11-6902-115-9
가 격 11000원

장자, 내 안의 우주

글 박종무

오솔길을 산책하듯 가느다란 사색을 계속 이어가는

장자의 이야기!

헌사

나의 아버지 박현규님께.

항상 옛 책을 읽고 싶어하셨던

당신을 기억합니다.

저자의 말

고전이란 오랜 시간이 지나도 가치가 바래지 않는 훌륭한 작품을 가리킨다. 그 안에는 인간 정신을 보다 풍요롭게 가꾸고 향상시키는 위대한 사상이 숨쉬고 있기 마련이다. "현인(賢人)으로부터는 지혜를 얻어내야 하는 법"(Bertolt Brecht)이라는 싯구도 있듯이 우리는 현인의 지혜를 고전을 통해 배울 수 있고 그 배움으로 자신의 삶을 의미있게 가꾸어 나갈 수 있다.

이 책은 "고전읽기를 유도하는 출판 프로젝트"의 스타트에 해당한다. 그 첫 텍스트로 『장자(莊子)』를 택함은 동북아시아 한 · 중 · 일 삼국이 한자문화권이어서 중국 고전이 우리에게 가깝다는 전제에서다. 중국 고전 중에서도 『장자』인 이유는, 노자(老子)의 뒤은 장자가 유교가 제대로 설명하지 않은 생명의 영역을 크게 아우르고 있기 때문이다. 유가(儒家)와 도가(道家)는 그 점에서 상호보완이고 일종의 '균형'이다. 한 가지 더하자면, 장자 자신 '전국시대(戰國時代)라는 혼란과 절망의 시대를 살았기에 그 사상이 지극히 현실적인 반면 대우주와도 같은 광활한 정신세계를 열어주는 호쾌함에 끌려서이다.

그렇다 해도 옛날에 지어진 것이고 보면, 처음 만들어진 시간과 오늘날의 독자 사이에 긴 세월이 가져온 생활문화의 격차가 있다.

또 전승에 있어 글자의 착오나 해석의 오류도 있다. 역대 주석가(註釋家)들이 시간을 아끼지 않고 그 풀이를 돕고 있어도 가르침 원래의 뜻은 갈수록 이해하기 어렵다. 특히 동아시아의 삼교(三教), 즉 유가(儒家), 불가(佛家), 도가(道家) 중 도가의 경전 해석이 모호하다고 알려졌다. 학자들에게도 예외는 아니다. 중국의 대학자 호적(胡適, 1891-1962) 박사는 '학문이 통달하여 유 · 불 · 도 삼교를 초월했다'는 소리를 들었던 인물이다. 그런 그도 도가(道家)의 경전은 읽어도 의혹이 남더라며, '대부분이 알 듯 모를 듯한 허튼 소리'라고 하면서 자신이 제대로 이해하지 못했음을 토로했다.

한문학(漢文學)의 대가마저도 그러한 터에 우리에게 『장자』 읽기는 코끼리 한 마리를 통째 삼키고 어쩔 줄 몰라 하는 보아뱀이 되는 건 아닐까. 자신이 원래 보아뱀이라면 상관없겠지만…. 두려워하지 않아도 된다. 우선 식탁에 앉아 수저를 들자. 자기식의 식사법을 찾아 가자.

아리스토텔레스(Aristotle, B.C. 384-B.C.322)가 말했다.

"시작이 반이다."

언어 하나하나 주석을 찾아 뜻을 정확하게 해석하는 방법도 있지만 자신의 느낌을 따라 오솔길을 산책하듯 가느다란 사색을 계속 이어가는 방법도 좋을 것이다. 사실 이것이 정답이다 라는 건 없다. 설령 첫 장 한 편 읽고서 그만 책장을 덮게 되면 또 어떤가. 각자 나름의 자기다운 자유로운 사유로써 접근하기를 바란다.

그런 차원에서 이 책은 전문적 해석도 옛 문헌에 따라붙기 마련인 주석 인용도 과감히 생략하였고 저자의 주관적 첨언도 원래 계획보다 줄이는 방향을 택했다. 그 대신 독자에게 징검다리 겸 쉴 참으로 여러 다른 문장이나 일화들을 해당하는 장(章)에 끼워 놓았다.

이러한 시도가 혹여 학자의 시선에는 가벼울까 싶고 대중에겐 다소 무미할 수도 있겠으나 부족한대로 이렇게나마 『장자』라는 고전을 — 어딘지 매력적인 이 멋진 책을 — 여러분에게 안겨드릴 수 있어 정말 기쁘다.

끝으로, 나의 순수한 열정을 책이란 결정체로 만들 수 있게 이끌어 준 신정범 대표님께 감사드린다. 언제까지 가난할 거냐며 청빈(淸貧)의 문인을 음으로 양으로 지원하는 이웃과 친지 등 인간계와 자연계 일체에 감사드린다.

2025. 3. 21.

오패산에서, 박종무

※ 덧붙이는 말:
이 책의 『장자』의 원문과 번역문의 인용 출처를 알립니다:
안동림 역주『莊子』,현암사,2022년.
동양고전DB https://ioci.juntong.or.kr/?page_id=290

차례

프롤로그

장자 사상의 원류인 노자(老子)에 대해서도 『사기열전(史記列傳)』의 기록을 참고하자:

노자는 초(楚)나라 고현(苦縣) 만향(厲鄕) 곡인리(曲仁里) 사람으로, 성은 이(李), 이름은 이(耳)이고, 자(字)는 담(耼)이다. 주(周)나라 수장실(守藏室, 왕실도서관)에 사관으로 일했다.

공자가 주나라에 가서 노자에게 예(禮)에 대하여 묻자 노자는 이렇게 대답했다.

"그대가 기리는 옛 성인도 그 육신과 뼈는 이미 썩고 없는데 다만 그 말한 바만 남겨져 있다. 군자(君子)는 때를 얻으면 수레를 타는 귀한 몸이 되지만, 그렇지 못할 때는 떠돌이 신세가 된다. 뛰어난 상인은 물건을 깊이 숨겨 밖에서는 아무것도 없는 것처럼 보이게 하는데 속은 실하다. 군자는 가득한 덕을 몸에 갖추어 내면이 충실하지만 겉으로는 어리석은 자와 구분이 되지 않는다. 그러니 그대는 몸안의 교만과 욕심 등을 비워 산만함을 없애라. 나는 다만 이점을 그대에게 말해줄 뿐이다."

공자가 돌아가서 제자에게 말했다.

"새는 날고 물고기는 헤엄치고 짐승은 달린다. 날짐승은 화살로 잡고 들짐승은 덫으로 잡고 물고기는 낚시로 잡을 것이지만 용(龍)은 어찌 잡을 것인가. 용은 바람과 구름을 타고 하늘로 오르는 거라 나는 그 실체를 알 수 없다. 내가 오늘 노자를 만났는데 용 같다고나 할지…, 전혀 잡히는 게 없구나."

노자는 허무(虛無)의 도덕(道德)을 닦아서 스스로 재능을 숨겨 이름이 드러나지 않도록 했다. 주나라에 오래 머물렀는데 주나라에 덕이 쇠미해지자 떠날 결심을 하고 함곡관(函谷關)에 이르렀다. 함곡관을 지키는 관리 윤희(尹喜)란 사람이 청하기를,

"은퇴를 하시려면 저에게 가르침을 남겨 주십시오."

그의 간청에 노자가 상하 2편으로 5천여 자의 글을 남기고 고개를 넘어갔는

데 그 이후로 노자를 보았다는 이가 아무도 없었다. (…)

老子者，楚苦縣厲鄉曲仁里人也，姓李氏，名耳，字耼，周守藏室之史也。

孔子適周，將問禮於老子。
老子曰：「子所言者，其人與骨皆已朽矣，獨其言在耳。
且君子得其時則駕，不得其時則蓬累而行。

吾聞之，良賈深藏若虛，君子盛德容貌若愚。
去子之驕氣與多欲，態色與淫志，
是皆無益於子之身。
吾所以告子，若是而已。」

孔子去，謂弟子曰：
「鳥，吾知其能飛；魚，吾知其能游；獸，吾知其能走。
走者可以為罔，游者可以為綸，飛者可以為矰。
至於龍，吾不能知其乘風雲而上天。
吾今日見老子，其猶龍邪！」

老子修道德，其學以自隱無名為務。
居周久之，見周之衰，乃遂去。

至關，關令尹喜曰：
「子將隱矣，彊為我著書。」
於是老子乃著書上下篇，言道德之意五千餘言而去，莫知其所終。(…)

노자, 장자의 도가(道家)사상은 현대 사회에도 유익한 가르침이 많다. 하지만 그 사상의 유효성을 진정으로 알고 흡수하는 사람은 의

외로 많지 않다. 그럼에도 불구하고 유럽과 미국에서도 노자의 사상을 배우는 이가 적지 않았다.

독일의 시인 베르톨트 브레히트(Bertolt Brecht, 1898-1956)가 쓴 시를 읽어 보자.[1]

「노자가 떠나던 길에 도덕경을 써 주게 된 전설」

1.
노자 나이 칠순으로 쇠약해지자
우리의 스승은 간절히 휴식을 원했다.
나라 안에 선(善)이 희미해지고
악이 득세하고 있었다.
하여 그는 신발끈을 매었다.

2.
필요한 짐을 꾸렸다.
초라했지만 그래도 이것저것—
이를테면 저물녘에 피우던 담뱃대,
틈만 나면 손에 들고 읽던 작은 책,
대충 만든 흰빵.

---

1) 1920년대에 브레히트는 동양의 불교 및 노자, 공자, 장자, 묵자 사상을 자신의 문학에 녹여낸다. 그와 동시대인이자 친구였던 클라분트(Klaubund)는 독일 문학에 노자의 『도덕경(道德經)』이나 당나라 시인 이태백을 소개한 중요한 공헌자라고 한다.

3.

산길에 접어들자

산골짜기의 아름다움에 모든 것을 잊었다.

노인을 태우고 가던 황소도

신선한 풀향기에 즐거워했다.

그것으로 충분했다.

4.

넷째 날 마지막으로 통과할 절벽 사잇길

세리(稅吏)가 길을 막고 물었다.

“통행료를 준비해 왔소?”

“아니오.”

스승이 탄 황소 옆에 따르던 동자가 대답했다.

“저는 스승을 모시고 길을 떠났습니다.”

그 한 마디로 사정이 설명되었다.

5.

변방의 사내는 배움에 대한 남모르는 동경으로 다시 물었다.

“스승에게서 무엇을 배웠소?”

“부드럽게 흐르는 물이 단단한 돌을 이기는 법,

진정 강한 것이 무엇인지 배웠습니다.”

동자가 대답했다.

6.

산길에 해는 빨리 진다.

조급해진 동자가 황소를 재촉해

한 그루 검푸른 소나무 아래로 사라지려고 한다.
문득 변방의 사내가 소리치며 달려갔다.
"여보시오! 멈추시오!"

7.
"물이 대체 어쨌다는 겁니까, 어르신?"
노인이 그를 돌아보았다.
"궁금한가?"
사내가 공손히 대답했다.
"저는 비록 통행료나 받는 세리에 불과하지만
누가 누구를 이기는지 알고 싶습니다.
어르신이 아신다면 제게 가르쳐 주십시오."

8.
"아니, 글자로 적어 주십시오. 힘드시면 옆의 제자가 받아쓰면 되겠지요!
이렇게 가 버리시면 안 됩니다.
집에 종이와 먹이 있어요.
저의 집은 바로 저기입니다. 저녁을 준비할게요.
그럼 제 청을 수락하신 겁니다."

9.
노인은 사내를 다시 보았다.
누더기 저고리에 맨발
이마에 한 줄기 주름.
마주 선 남자는 승리자가 아니었다.
"너도?"
우리의 스승은 속으로 물었다.

10.

겸손한 자의 청을 거절하기에는
우리의 스승 너무 연로하시다.
노인이 먼저 사내를 안심시켰다.
"무엇인가 묻는 자는 반드시 대답을 얻게 된다오."
동자도 맞장구를 쳤다.
"해가 지려는지 갑자기 추운데요···."
"좋아, 그를 따라 잠시 머무르자꾸나."

11.

스승은 황소의 등에서 내렸다.
이레 동안 사내의 집에 묵으며 가르침을 글로 적었다.
사내는 끼니를 나르기에 바빠 보였다.
(그 사이 밀수꾼들에게 목소리를 낮추고 욕을 해대는 것도 잊지 않았다.)
마침내 스승은 약속한 글을 완성하였다.

12.

그날 아침 동자가 사내에게 건네 준 건
여든 한 개의 경구가 적힌 종이였다.
스승 모르게 사내가 준 노잣돈에 감사하며
동자는 다시 황소를 탄 스승을 모시고 길을 떠난다.
묻노니, 사람이 이보다 더 겸허할 수 있을까?

13.

책에 적힌 이름, 그 빛이 찬란한 현인(賢人)만을
찬양하지는 말자!
현인으로부터는 지혜를 얻어내야 하는 법이다.
그러니 변방의 사내에게도 감사해야 한다.
그가 바로 노자에게 지혜를 달라고 간청한 자이다.

『老子道德經』에 대하여:

『도덕경』의 첫 구절은 이렇다:

도를 도라고 말하면 그것은 늘 그러한 도가 아니고
이름 지어 부르면 그것 또한 본디의 이름이 아니다.
道可道, 非常道; 名可名, 非常名.

『노자』는 중국 고전 중에서도 일찍부터 유포된 책 중 하나이다.

『노자도덕경(老子道德經)』, 원래 이름은 『노자(老子)』였다고 한다. 책의 내용이 두 가지— 도(道)의 개념을 논한 「도편(道篇)」과 덕(德)의 개념을 논한 「덕편(德篇)」으로 이루어졌기 때문에 『도덕경』이라고 부르게 되었다.

1993년 중국 호북성(湖北省) 곽점촌(郭店村)의 전국시대(戰國時代) 초묘(楚墓)에서 804개의 죽간(竹簡, 대나무로 엮은 책)에서 13000여 글자의 문헌이 발견되었는데 그 중 『노자』 3편과 「太一生水」1편이 포함되어 있었다. 분묘 조성시기는 늦어도 B.C. 300년 경이라 하니 죽간들은 그 이전에 통용되었을 것이다. 이것이 지금까지 전해지는 『노자(老子)』의 문헌 중 최고본(最古本)에 해당된다. 제지법과 인쇄술이 널리 발달하기 전 중국에서는 비단이나 대나무나 비석 등에 글자를 써서 그것으로 책을 대신하였다. 마왕퇴(馬王堆) 제3호 고분(古墳)에서 발굴된 백서(帛書, 비단에 쓴 글)이다. 서체가 다른 갑과 을본 두 종이 나왔는데 그 내용이 오늘날 우리가 보는 책과 별로 차이가 없다고 한다. 분묘의 연대가 B.C. 168년으로 측정되니 무덤의 주인이 생전에 보았던 초본(抄本, 베낀 책)이라 할 것이다. 곽점(郭店)의 죽간본은 노자의 사상이 적힌 가장 오래된 문서라는 점에서 의의가 크지만 갑 · 을 · 병 각각 다른 전승을 초사(抄寫, 옮겨 쓰다)한 것으로 보인다. 이에 비해 150년 뒤의 것인 마왕퇴의 백서본은 지금에도 통용되는 『노자도덕경』에 거의 80퍼센트 같다는 점에서 그 사이에 여러 갈래의 전승이 정리되는 과정이 짐작된다. 주의할 것은, 3호묘에서 출토된 백서 『노자』갑 · 을본이 모두 「덕경(德經)」이 앞에 있고 「도경(道經)」이 뒤에 있다. 즉 「덕경」이 상편이고 「도경」이 하편이라는 것이다. 이 순서는 노자 원본의 순서인가 아닌가, 학자들로서는 고개를 갸웃거릴 수밖에 없다. 이를 근거로 어떤 연구가는 전국시기에 『노자』는 「도경」을 앞세운 도가(道家)의 『노자』와 「덕경」을 앞세운 법가(法家)의 『노자』, 이렇게 두 종류가 있었을 것이라고 보았다.

마왕퇴(馬王堆)의 귀부인:

지난 세기 70년대에 중국의 장사(長沙) 마왕퇴에서 마치 살아있는 듯한 여성의 시신이 발굴된 사건으로 세상이 떠들썩했다. 이 고분(古墳)은 한(漢)나라 때의 묘이다. 원래 중국 호남성(湖南省) 장사(長沙)의 동쪽에 언덕이 있어 그것을 마왕퇴라 부르는데, 당나라가 망한 뒤 오대십국(五代十國) 시대에 초(楚)나라를 세운 마은(馬殷)이라는 왕이 묻힌 무덤이 있다는 전설이 있었다. 퇴(堆)란 언덕처럼 솟은 곳을 말하니 마왕퇴라 불렀다.

고분이 발견된 것은 우연이었다. 소련과 전쟁을 치러야 할지도 모른다는 위기감이 돌던 1971년 겨울 중국의 호남성 주둔군은 장사병원의 지하병실과 수술실을 마왕퇴에 건설하고자 했다. 그런데 뜻하지 않게 고분 3기가 드러나면서 이것이 전한(前漢)시대 초기 상당한 지위가 있던 일가족 세 사람의 무덤임을 알게 된다.

한(漢)나라는 대륙을 통일하고 각지에 봉건제후들을 봉하여 나라를 다스렸으니, 장사 일대에는 장사(長沙)라는 제후국이 있었다. 이 마왕퇴 무덤 3기는 이 장사국 군왕을 보필한 승상으로서 대후(軑侯)라는 봉작을 받은 리창(利倉)과 그의 부인, 그리고 이들의 아들 묘임이 드러났다. 가장 먼저 발굴된 1호 묘가 대후 부인묘였다. 2호묘는 리창 무덤이고, 3호묘가 확실치는 않으나 그의 아들 묘일 가능성이 크다.

특히 1호묘의 대후 부인은 화려한 무늬의 비단옷이며 시신 보존 상태가 너무나 완벽하여, 미라 상태의 여인이 사람들의 호기심을 자극했다. 중국의 유물, 마왕퇴에서 출토된 2100년 전 대후 부인이 살아있는 것처럼 보이는 시신에 대해 중국뿐 아니라 세계 사람들의 관심이 쏠렸다. 귀부인의 시신을 해부하니 뱃속에 138 개의 참외씨가 발견되었는데 그것으로 보아 참외를 먹고 얼마 안 되어 바로 사망한 것으로 여겨졌다. 이러한 과학적 분석과는 별도로 여성의 시신에 대한 소문이 갈수록 늘어나더니 골목마다 소문이 무성했다. 일본, 홍콩 등에서도 앞다투어 보도하면서 무덤 부장품의 화려함에 비추어 그녀의 생전 신분을 대후 부인이라고 부르는 것보다 아예 왕비라고 적고 옛날 전설 같은 환상적 이야기를 덧붙였는데 그것이 오히려 대중심리에 맞았던지 소문이 꼬리를 물고 중국 대륙에까지 역수입되는 기현상을 빚어냈다고 한다. 사람들이 자꾸 지어내는 소문 중에는 이렇게 구체적인 것도 있었다.

> 그 2,000살도 더 되는 노부인이 갑자기 일어나 앉아서 참관하는 사람들을 쳐다보며 웃었는데, 마치 홍색낭자군(紅色娘子軍, 예술단)에서 발레 여주인공

처럼 예쁘고….

노부인이 하는 말을 다른 사람이 못 알아듣자 박물관에서는 특별히 북경(北京)에서 당대의 최고 지식인 곽말약(郭沫若, 1892-1978) 선생을 모셔왔다. 노부인이 그와 인사했는데 곽선생이 비로소 그녀가 하는 말이 2,000년 전 한나라 때의 말임을 알았다. 이에 곽 선생이 한나라 때의 말로 그녀와 대화하다가 마지막으로 고풍스러운 한시(漢詩) 2수를 지어서 노부인에게 가르침을 청했다. 노부인은 매우 겸손해서 감히 가르칠 수 없다고 사양했고 도리어 곽 선생의 학생이 되어 현대시를 배우고자 했는데, 곽 선생이 승낙하지 않고 단지 그녀에게 사과를 건네며 드시라고 권했다.

현실에 있을 수 없는 이야기를 주고받으면서 사람들은 귀부인이 죽었다 다시 살아난 불가사의한 존재라고 믿고 싶어 했다. 소문에 자극받은 사람들이 박물관으로 몰려들면서 사람들이 부상을 당하는 등 사고위험이 늘어났다. 전시물의 안전과 군중의 무질서 등으로 전시를 갑자기 중단할 땐 현장에서 이런 고함 소리도 들렸다고 한다.

"나는 새벽 4시부터 와서 하루 종일 아무것도 못 먹고 기다렸소. 내가 기다린 건 오직 노부인을 보고 몇 마디 대화를 하려는 것이다. 그런데 지금 문을 닫고 중지한다니 나는 참을 수 없다! "

옛날의 일이 아니다, 불과 5, 60년 전의 일이다.[2]

위의 일은 다소 거친 경우겠지만, 여기서 말하고 싶은 것은 인간의 상상력이다. 몇천 년 전 성현(聖賢)의 지혜란 지식의 영역을 초월

2) 마왕퇴의 유물 관련 참조, 웨난 저 · 이익희 역『마왕퇴의 귀부인』서울: 일빛, 2001년.

하기에 상상의 힘을 빌리지 않고는 그 도달이 요원하다. 장자의 가르침도 뜻이 묘연하다 싶을 때는 훌쩍 상상의 날개에 올라타고 볼 일이다.

아인슈타인(Albert Einstein, 1879-1955)이 말했다.

"논리는 당신을 A에서 B로 데려다 주지만,
상상력은 당신을 어디든 데려다 줄 것이다."

-1부-

철학자 장자의 삶

장자는 육신의 감각이나 경험에 사로잡혀 우왕좌왕하는 사람들에게 내면으로 향하라고, 우주적 경애를 펼치라고 말한다. 스스로 그 자신의 생애를 통해 얼마든지 그럴 수 있다는 가능성을 열어 주었다. 그의 사상과 깨달음, 즉 그가 구현한 도(道)의 경지(境地)가 『장자(莊子)』에 담겨 빛나고 있다.

사마천(司馬遷)은 『사기열전(史記列傳)』 "장주(莊周)" 편에서 장자의 생애를 이렇게 적었다:

장자는 양(梁)나라 혜왕(惠王), 제(齊)나라 선왕(宣王) 때의 사람으로 이름이 주(周)이다. 몽(蒙) 지방 사람으로 몽의 한 고을에서 관리를 지낸 적이 있다.
장주는 학문은 매우 박학하여 통달하지 않은 바가 없었으며 노자(老子)의 학설을 근본으로 하였다. 10여 만 자에 이르는 그의 저서 『장자』는 우언(寓言)이 많은데 어부(漁父), 도척(盜跖), 거협(胠篋) 편 등은 실제가 아니다. 외루허(畏累虛)란 산 이름이나 항상자(亢桑子)란 사람 이름들도 가상의 이름이다. 시대적 주류인 공자(孔子)의 사상에 비판을 가한 것도 이 책의 특징이다. 장자의 문장이 워낙 뛰어나고 세상 이치에 대한 통찰과 비유가 참으로 적절하니, 그가 유가(儒家)와 묵가(墨家)를 비판하면 제 아무리 대학자라도 피할 길이 없었다.
그의 언사가 거침없고 자유분방하니 왕공(王公) 대부(大夫)들도 그를 초빙하지 못했다.
한번은 초(楚)나라 위왕(威王)이 장자의 명성을 듣고 후한 예물과 함께 사신을 보내 그를 재상으로 맞이하고자 했다. 그때 장자가 웃으며 사신에게 말하길,
"천금(千金)이라면 큰돈이고 재상이라면 높은 자리지요. 하지만 당신은 제사에 바쳐지는 소를 본 적 있겠지요? 사람들이 그 소를 몇 년씩 떠받들고 키우

다가 제삿날이 되면 화려한 천에 태묘(太廟, 종묘)로 끌고 갑니다. 그때 소가 깜짝 놀라서 나는 돼지우리 같은 데서라도 살고 싶다 해도 이미 때는 늦었지요. 내 귀를 더 이상 욕되게 하지 말고 얼른 돌아가 주군께 전하시오. 나 장주란 사람은 진흙탕에서 뒹굴지언정 제후(諸侯)를 섬기며 명리(名利)를 구하는 일에 목숨을 바치진 않겠소." [1]

莊子者, 蒙人也, 名周. 周嘗為蒙漆園吏, 與梁惠王、齊宣王同時. 其學無所不闚, 然其要本歸於老子之言. 故其著書十餘萬言, 大抵率寓言也. 作漁父、盜跖、胠篋, 以詆訿孔子之徒, 以明老子之術. 畏累虛、亢桑子之屬, 皆空語無事實. 然善屬書離辭, 指事類情, 用剽剝儒、墨, 雖當世宿學不能自解免也. 其言洸洋自恣以適己, 故自王公大人不能器之. 楚威王聞莊周賢, 使使厚幣迎之, 許以為相. 莊周笑謂楚使者曰:「千金, 重利; 卿相, 尊位也. 子獨不見郊祭之犧牛乎? 養食之數歲, 衣以文繡, 以入大廟. 當是之時, 雖欲為孤豚, 豈可得乎? 子亟去, 無汚我. 我寧游戲汚瀆之中自快, 無為有國者所羈, 終身不仕, 以快吾志焉.」

---

1) 제후에게 전하라 한 장자의 말은 『장자(莊子)』 외편(外篇) ·「열어구(列禦寇)」에서 찾아진다. 이하: 어떤 사람이 장자를 초빙하고자 사신을 보냈다. 장자가 사신에게 말하길, "당신은 나라의 의식에 쓰이는 희생물인 소를 본 적 있소? 수(繡)를 놓은 아름다운 비단천에 감싸여 좋은 먹이를 먹지만 막상 태묘에 들어가 죽게 될 때 '뽑히지 않고 그냥 송아지로 살고 싶다'고 한들 그럴 수가 없지요."

(或聘於莊子. 莊子應其使曰: 「子見夫犧牛乎? 衣以文繡, 食以芻菽, 及其牽而入於大廟, 雖欲爲孤犢, 其可得乎!」)

01

커다란 박

혜자(惠子)와 장자(莊子)가 한창 토론을 하고 있다.

"위(魏)나라 왕에게서 박(瓠)씨를 선물 받은 적이 있소. 그 열매가 얼마나 크던지 안에 물을 부으면 200 리터 가까이 들어갈 만했소. 하지만 반으로 갈라 바가지로 쓰자니 너무 납작하여 물을 담을 수 없었소. 아깝지만 쓸모가 없으니 버릴 수밖에 없었다오."

여기에 장자가 대답한다.

"저런! 달리 썼으면 좋았을 걸. 크고 쓸모 없다고만 생각할 게 아니라 속을 비우고 배로 띄웠으면 얼마나 좋았을 것이오?" [2]

惠子謂莊子曰: 「魏王貽我大瓠之種, 我樹之成而實五石, 以盛水漿, 其堅不能自擧也., 剖之以爲瓢, 則瓠落無所容. 非不呺然大也, 吾爲其無用而掊之.」 莊子曰: 「夫子固拙於用大矣.(...)今子有五石之瓠, 何不慮以爲大樽而浮乎江湖, 而憂其瓠落無所用? 則夫子猶有蓬之心也夫!」『莊子』「逍遙遊」

2) 혜자의 말에서 '큰 박'이라 함은 장자 자신 혹은 장자의 사상을 가리킨다. 즉 장자의 초월적 경지를 전혀 모르면서 세상의 잣대를 들이대며 혜자가 장자를 쓸모없다고 단정하는 장면이다. 하지만 이를 친구로서의 직언으로 해석하면 사람들이 장자의 진가를 몰라주니 안타까운 마음을 이런 식으로 표현한 건지도?

장자와 혜자(惠子)의 관계:

위의 '커다란 박' 이야기는 혜자와 장자가 서로 뜻이 통하는 벗이냐 아니냐에 따라 읽는 느낌이 다르다. 둘이 지음(知音)이라면 혜자의 말은 세상이 나의 친구 장자를 몰라 주니 안타깝다는 뜻이 된다. 친구의 진심을 듣고 장자는 뿌듯해져서 자신이 생각하는 진정한 쓸모에 대하여 말하고 싶어졌을 것이다.

혜자는 기원전 300년 전후 사람으로 이름은 혜시(惠施)이다. 장자와 절친한 친구 관계였다고 한다. 『장자』에서 혜자가 간혹 장자를 놀리거나 경계하는 인물로 등장하지만 어떤 일화에서는 장자와 같은 세계관을 가진 것으로 써 있다.

위(魏)나라의 혜왕(惠王)이 제(齊)나라 위(威)왕이 맹약을 깨트리자 제나라를 치고자 했다. 혜자가 이를 막고자 현자(賢者) 대진인(戴晉人)을 불러 혜왕을 설득하도록 부탁했다. 대진인은 왕과 대화를 나눴다.

대진인: 왕께서는 달팽이에게 뿔이 있다는 걸 아십니까?

혜 왕: 압니다.

대진인: 옛날 얘기입니다. 달팽이 왼쪽뿔 위에 촉씨 나라가 있었고 오른쪽뿔 위에 민씨 나라가 있었는데 서로의 땅을 차지하려고 죽자고 싸웠습니다. 한번 싸움이 일면 20일을 멈추지 않았는데 그때마다 죽거나 다친 백성이 수만 명이었지요.

혜 왕: 달팽이뿔 위에 어찌 나라가 있겠소? 지어낸 이야기라도 어이가 없군요.

대진인: 지어낸 이야기라고요? 왕께서는 동서남북과 위아래에 끝이 있다고 여기십니까?

혜 왕: 동서남북상하의 끝을 누가 알겠습니까. 없다고 봐야지요.

대진인: 그렇다면 말입니다. 우리가 살고 있는 이 세상과 대우주를 견주어 봅시다. 대우주 헤아릴 수도 없는 아득한 저쪽에서 이 세상을 본다면 양나라와 제나라가 달팽이뿔 위에 있는 촉씨나라와 만씨나라보다 크게 보일까요? 어찌 생각하십니까?

혜왕은 대진인의 말이 맞다고 생각하여 제나라를 칠 계획을 접었다고 합니다.

惠子聞之而見戴晉人. 戴晉人曰: 「有所謂蝸者, 君知之乎?」 曰: 「然.」 「有國於蝸之左角者曰觸氏, 有國於蝸之右角者曰蠻氏, 時相與爭地而戰, 伏尸數萬, 逐北旬有五日而後反.」 君曰: 「噫! 其虛言與?」 曰: 「臣請爲君實之. 君以意在四方上下有窮乎?」 君曰: 「無窮.」 曰: 「知遊心於無窮, 而反在通達之國, 若存若亡乎?」 君曰: 「然.」 君曰: 「無辯.」 客出而君惝然若有亡也. 客出, 惠子見. 君曰: 「客, 大人也, 聖人不足以當之.」 惠子曰: 「夫吹筦也, 猶有嗃也., 吹劍首者, 吷而已矣. 堯舜, 人之所譽也., 道堯舜於戴晉人之前, 譬猶一吷也.」

『莊子』「則陽」

위나라 혜왕이 제나라를 공격하고자 할 때 대진인이 혜자의 지혜를 빌려 혜왕을 말렸다니 혜자가 직접 나설 수 없는 어떤 사정이 있었던 것 같다. 아무튼 대진인이 왕에게 든 달팽이뿔 비유가 혜자의 지혜일 것인데, 그 세계관이 장자와 다르지 않다고 여겨진다.

쓸모없는 여자:

"저는 이 세상에 쓸모없는 존재인가 봐요."

후배 H의 힘없는 소리에 덩달아 한숨이 나왔다.

'쓸모'라는 낱말은 시도 때도 없이 사람 가슴을 옥죈다.

저 여자는 쓸모없는 여자야, 하고 말할 때, 우리는 어떤 여자를 상상할까. 20년 전쯤까지는 밥과 빨래를 못하는 주부를 그렇게 부르는 일이 많았다. 지금은 어떨까. 어떤 여자를 쓸모없는 여자라 부르는 것일까. 당신은 "그녀는 쓸모없는 여자야."라는 말을 듣고 누구를 머릿속에 떠올릴까. 유치원 시험 때문에 아이를 죽인 여자는 쓸모없는 여자일까. 나는 쓸모없는 여자가 아니라 불쌍한 여자라고 생각한다. 불륜을 저지른 주부를 모두 쓸모없는 여자라고 단죄할 수 있는 사람은 없을 것이다. 여름 제사에 쓸 카레에 독을 넣은 여자는 쓸모없는 여자가 아니라 무서운 여자일 것이다. 야쿠자의 여자가 된 여자는 쓸모없는 여자일까. 하지만 지금은 야쿠자의 여자였다가 변호사가 된 인물도 있다. 야쿠자의 여자라고 해서 쓸모없는 여자라고 한정할 수는 없다.[3]

'쓸모'라는 말, 글을 읽으면서 가슴이 뜨끔거렸다. '쓸모없는 여자'라니, 내가 그런가? 자신의 일일 때는 이렇게나 신경이 쓰인다. 하지만 다른 이나 사물에 대해선 얼마나 즉각즉각인가. 그런데 나의 판단이 과연 절대적이고 공평한가는 의문이다. 여기에 장자가 묻는다, 사물을 봄에 치우침이 없는가라고.

사람이 자꾸 다니면 길이 생기게 마련이고 사물에 이름을 붙여 자꾸 얘기하다 보면 점차 고정관념이 만들어진다. 사물마다 고유의 속성이 있고 어느 것

3) 무라카미 류 저 · 김민영 역 『쓸모없는 여자』, 서울: 컬처클럽, 2002년, 217~219쪽.

하나 본질적으로 사랑스럽지 않은 건 없으련만, 사람들은 이미 사물의 이름과 연결해 선입견이나 치우침이 생겨 사물 본래의 가치를 온전히 받아들이지 못하게 된다.

道行之而成, 物謂之而然. 有自也而可, 有自也而不可. 有自也而然, 有自也而不然. 惡乎然? 然於然. 惡乎不然? 不然於不然. 惡乎可? 可於可. 惡乎不可? 不可於不可. 物固有所然, 物固有所可. 無物不然, 無物不可. 『莊子』「齊物論」

02

손 안 트는 약

장자가 말한다.

"송나라에 손이 안 트는 약을 만들 줄 아는 이가 살았지요. 손으로 솜을 빠는 일이 가업이라 그런 약을 발명한 것이오. 그런데 어떤 사람이 금덩이를 주고 조제법을 사갔소. 어땠는지 아시오? 그 사람은 그 길로 오(吳)나라로 갔다오. 알다시피 오나라는 월나라와 전쟁이 잦지 않소? 병사들에게 손 안 트는 약을 줄 수 있다니 오나라 왕이 그를 장수로 임명하고, 겨울 해전에서 승리한 후 영주로 봉했다오. 같은 약이지만 쓰임새는 이렇게 다르다오."

莊子曰:「宋人有善爲不龜手之藥者, 世世以洴澼絖爲事. 客聞之, 請買其方以百金. 聚族而謀曰:『我世世爲洴澼絖, 不過數金.今一朝而鬻技百金, 請與之.』客得之, 以說吳王. 越有難, 吳王使之將, 冬與越人水戰, 大敗越人, 裂地而封之. 能不龜手, 一也, 或以封, 或不免於洴澼絖, 則所用之異也.」

'쓸모라는 것'에 대한 사색:

갯벌은 수십 년 전만 해도 '쓸모없는 땅', 버려도 되는 공간으로 인식돼7~80년대 개발우선주의 정책의 최대 희생양이 됐다. 그 결과 우리나라 갯벌은 지난 40년간 지속적인 대규모 간척사업과 매립으로 절반가량 소실됐다. 우리 나라는 과거 5,000 ㎢ 정도의 광활한 자연 갯벌을 소유한 몇 안 되는 국가였으나 지금은 약 2,500 ㎢ 규모의 갯벌만을 갖고 있다.

(참고로 제주도 면적은 1,850 ㎢다) [4]

자연생태계에 대한 인식전환과 함께 갯벌의 참가치가 새롭게 조명되고 있다. 갯벌이 수많은 해양생물의 서식처이자 산란처로 바다생태계를 지탱하고 유지하는 큰 역할을 하고 있다는 것에 주목한 결과다. 영국의 유명 과학 전문지 네이처는 갯벌의 생태적 가치를 1헥타르당 9990달러로 추정했다고 한다. 이로써 갯벌은 자연 관광과 생태 교육의 중심지로 활용될 수 있다. 여기서 지역 사회에 경제적 가치가 창출된다. 환경보전의 문제에서도 갯벌은 보이지 않는 역할을 담당하고 있다. 하천에서 유입된 오염 물질을 걸러내고 특히, 질소와 인 같은 영양 염류를 흡수하여 수질을 개선하며 물을 저장하고 해일이나 홍수의 영향을 완화하는 천연 방어선 역할을 한다.

혜자가 장자에게 말했다. "자네 말은 무용(無用)하오."

장자가 대답했다. "먼저 무용함이 무언지 알아야 쓸모가 무언지를 얘기할 수 있다오. 보시오, 이 세상이 참으로 넓고 크지만 사람들은 대부분 땅에 붙어 살고 있으니 그 부분만 쓸모일 것이오. 그래서 발 디디고 사는 부분 외엔 다 쓸모없는 것으로 치고 떼어내 치워버린다면 살 수 있겠소? 쓸모 있던 것이 여전히 쓸모 있겠소?" 혜자가 말했다. "쓸모없지요." 이에 장자가 결론을 내

4) 김종성 교수 특별기고문 "한국 갯벌의 우수성과 필요성을 역설하다" 「대학신문」, 2020년 9월 6일자. 출처 : http://www.snunews.com

렸다.

"그러니까 쓸모없는 것이 쓸모있는 것 아니오. 내 말 알겠소?"

> 惠子謂莊子曰: 「子言無用.」 莊子曰: 「知無用而始可與言用矣. 天地非不廣且大也. 人之所用, 容足耳. 然則厠足而塹之致黃泉, 人尙有用乎.」 惠子曰: 「無用.」 莊子曰: 「然則無用之爲用也, 亦明矣.」『莊子』「外物 」

사람이 땅을 밟을 때, 발이 닿는 부분 이외에는 모두 무용한 땅이지만 폐할 수는 없다. 이 적절한 비유는 인간이 이원론적으로 대립시킨 어떤 개념에도 적용된다. 이를테면 행복에 비해 불행은 쓸모없는 것이라 여겨진다. 하지만 불행 없이는 진정한 행복의 맛을 느낄 수 없다.

불교에서는 심지어 가장 불행한 사람이야말로 가장 행복할 권리가 있다고 한다. 번뇌와 고뇌가 없는 사람은 없다. 번뇌는 인간의 욕망을 가리킨다. 한쪽에서는 번뇌를 고통의 원인이니 무조건 없애야 할 것으로 말하지만 이와 반대로 우리 삶에 번뇌와 욕망이 있기에 덕분에 인생의 깊은 충실감을 맛볼 수 있다고, 이것이 "번뇌즉보리(煩惱卽菩提)"[5]이다.

---

5) 도다 조세이(戸田城聖, 1900-1958)는 이 '번뇌즉보리'에 대하여 이렇게 말했다 : "자신의 번뇌와 함께 살면서 번뇌 그대로, 안심에 찬 행복 경애를 누리는 생활을 '번뇌즉보리' '생사즉열반(生死卽涅槃)'이라고 합니다." https://m.blog.naver.com/lyshik21/223006551517

03

목수와 거목

혜자가 장자에게 말했다. "우리 집에 아주 커다란 가죽(樗) 나무가 있는데 목수는 거들떠도 안 본다오. 줄기가 울퉁불퉁하니 먹줄을 칠 수도 없고 가지가 곧바르지 않으니 자를 댈 수도 없다고 말이오."

장자가 대답했다.

"너구리나 살쾡이는 닭이나 쥐를 잘 잡지요. 하지만 여기저기 쏘다니다가 덫과 그물에 잡힙니다. 그에 비하면 몸집이 거대한 검은 소는 큰일은 할지언정 쥐는 못 잡지요. 당장에 쓸모가 없다 해서 진짜로 무가치한 생명이란 없는 법이라오. 선생은 집에 나무가 재목이 안 된다고 걱정할 줄만 알지 그 나무 그늘에서 한가로이 낮잠이라도 즐길 줄은 모르나 보오."

惠子謂莊子曰: 「吾有大樹, 人謂之樗. 其大本擁腫而不中繩墨, 其小枝卷曲而不中規矩, 立之塗, 匠者不顧. 今子之言, 大而無用, 衆所同去也.」 莊子曰: 「子獨不見狸狌乎? 卑身而伏, 以候敖者., 東西跳梁, 不避高下., 中於機辟, 死於罔罟. 今夫黎牛, 其大若垂天之雲. 此能爲大矣, 而不能執鼠. 今子有大樹, 患其无用, 何不樹之於无何有之鄕, 廣莫之野, 彷徨乎无爲其側, 逍遙乎寢臥其下. 不夭斤斧, 物无害者, 无所可用, 安所困苦哉!」『莊子』「逍遙遊」

화가 반 고흐의 편지

고흐(Vincent Willem van Gogh, 1853-1890)는 수입도 없이 그림만을 그린다는 이유로 사람들의 의심과 오해와 무시 속에 괴로워했다. 후원과 지지는커녕 동생 테오가 없으면 당장 생활비도 부족한 속에 전업 화가의 길을 굳이 택한 건 자신이지만 사람들의 시선이 감옥 같아서 신에게 묻곤 하였다.

> "신이여, 이 상태가 얼마나 오래 지속될까요?
> 언제까지 이래야 합니까? 영원히?"

고흐는 자신의 상태를 새장에 갇힌 새로 비유했다. 새장에 갇혀서 가야할 길을 알면서도 갈 수가 없다. 다른 새들은 둥지를 틀고 알을 까고 새끼를 키우는데, 자기 머리를 창살에 찧으며 고통스러워한다. 얼마나 게으르냐고 다른 새들이 비웃는다. "저런 쓸모없는 놈 같으니라고." 안팎으로 고독해도 다행히 마음 깊은 곳의 열망은 죽지 않고 버텨낸다. 아무도 모르지만 그 스스로는 그점을 느낄 수 있다. 잘하고 있구나, 햇빛은 여전하구! 오직 두려운 것은 그토록 기다리는 "해방"이 너무 뒤늦게 온다는 것.

> 우리가 살아가야 할 이유를 알게 되고, 자신이 무의미하고 소모적인 존재가 아니라 무언가 도움이 될 수도 있는 존재임을 깨닫게 되는 것은, 다른 사람들과 더불어 살아가면서 사랑을 느낄 때인 것 같다.(…)
> 지난 5년가량의 세월 동안, 나는 안정된 직장 없이 늘 궁지에 몰린 채 방황해왔다. 너는 내가 그동안 뒷걸음질만 치면서 나약해지고 아무것도 하지 않았다고 말할지도 모르지. 그러나 그 생각이 옳을까?

나도 이따금 밥벌이란 걸 했다. 그렇지 못한 때는 친구들이 선의를 베풀어 주었지. 좋든 싫든 얻을 수 있는 것을 취하면서 어떤 식으로든 살아왔다. 내가 많은 사람의 신뢰를 잃었다는 건 맞는 말이다. 경제적인 형편도 좋지 않은 게 사실이고, 내 미래가 처량한 것도 부인할 수 없고, 더 잘할 수도 있었을 것이라는 말도 맞다. 생계유지를 위해 노력했어야 할 시간을 낭비했다는 것도 맞는 말이고, 공부가 상당히 허술하고 빈약하며, 필요한 것을 모두 구하기에는 내가 가진 수단이 너무 보잘것없다는 말도 틀리지 않다. 그러나 그 모든 것이 옳다고 해서 내가 점점 퇴보하면서 아무것도 하지 않았다는 결론이 바로 나올 수 있는 것이냐?(…)

내 마음을 괴롭히는 것은, 내가 무엇에 어울릴까, 내가 어떤 식으로든 쓸모있는 사람이 될 수는 없을까, 어떻게 지식을 더 쌓고 이런저런 주제를 깊이 있게 탐구할 수 있을까 하는 물음뿐이다. (…)

힘을 다해 내부의 불을 지키면서, 누군가 그 불 옆에 와서 앉았다가 계속 머무르게 될 때까지 끈질기게 기다려야 할까? (그렇게 하려면 얼마나 끈질겨야 할까!) 믿는 마음이 있는 사람은 빠르든 늦든 오고야 말 그때를 기다리겠지.[6]

바보스러울 정도로 우직하게 그림만 그렸던 고흐. 지금에 와서 고흐가 쓸모없는 인간이라거나 고흐 작품을 쓸모없는 그림이라고 말할 사람은 없을 것이다. 반대로 그의 그림에서 사람들은 무한한 평안과 희망을 느끼고 이 세상의 아름다움을 느낄 것이다.

무지한 자가 남을 깎아내린다:

장자는 「소요유(逍遙遊)」편에서 높고 솟아 멀리 날아가려는 붕(鵬)

6) 반 고흐 · 신성림編譯『반 고흐, 영혼의 편지』, 서울:위즈덤하우스, 2007년, 14-26쪽.

을 보고 콧방귀 뀌는 날개달린 작은 짐승들을 그려내고 있다.

메추라기가 붕을 비웃었다.

"저놈은 도대체 어디로 가겠다고 하는 것인가. 나는 힘껏 날아올라도 몇 길을 지나지 않고 도로 내려와 쑥대밭 사이를 날아다닐 뿐이다. 그나마 이게 내가 한껏 날아오를 수 있는 최고 높이다. 그런데 저놈은 대체 어디로 가려고 9만 리 하늘꼭대기까지 올라가는 것인가."

이것이 바로 작은 것과 큰 것의 차이이다.

斥鴳笑之曰:「彼且奚適也? 我騰躍而上, 不過數仞而下, 翺翔蓬蒿之間, 此亦飛之至也. 而彼且奚適也?」此小大之辯也.『莊子』「逍遙遊」

하늘이 침침하게 큰 날개를 펴고 붕(鵬)이 높이 날아오르자, 매미蜩와 비둘기學鳩가 쑥덕거리기 시작합니다. "우리들이 날아봤자 느릅나무(楡樹)나 다목나무(枋樹) 가지에 앉을 수 있으면 됐지. 쟤는 지가 뭐라고 9만 리나 솟구쳐서 그 먼 바다를 건너겠다는 거라니?"

蜩與學鳩笑之曰:「我決起而飛, 搶楡枋而止, 時則不至而控於地而已矣, 奚以之九萬里而南爲?」『莊子』「逍遙遊」

장자는 말한다. 선입견이나 편견에 갇혀서 쓸모를 한정 짓지 말라. 그렇게 판단한 쓸모는 극히 부분일지 모른다. 큰 쓸모를 알려면 먼저 대자연이 생명을 모두 아울러 포용하고 있다는 걸 알아야 한다. 이러한 자애(慈愛)를 깨달은 이는 사람과 사물에 대한 공평한 판단을 내릴 수 있다. 모두들 아무 쓸모가 없다 하지만 대자연의 포용성을 깨달은 자는 그것이 실은 더 큰 쓸모로 존재하고 있음을 통찰할 수 있다.

다만 도에 다다른 자만이 모두 하나임을 깨달아, 자기의 판단을 내세우지 않고 사물을 자연스럽게 포용한다. 이렇게, 아무 쓸모가 없는 듯하면서 오히려 크게 쓰이는, 무슨 일에나 스스로의 본분(本分)을 다하면서 그 충실함 속에서 샘솟는 환희를 느끼는 여기에 도가 있는 것이다.

唯達者知通爲一, 爲是不用而寓諸庸.庸也者, 用也.用也者, 通也.通也者, 得也.因是已. 已而不知其然, 謂之道.『莊子』「齊物論」

04

못난이

지리소(支離疏)는 턱이 배꼽 아래에 숨어 있고, 어깨가 이마보다도 높고, 상투는 하늘을 가리키고, 오장이 위에 있으며, 두 넓적다리는 옆구리에 닿아 있다. 바느질과 세탁으로 충분히 입에 풀칠할 수 있으며, 키를 까불고 쌀을 골라내서 생기는 곡식으로 족히 열 사람을 먹여 살린다. 나라에서 군인을 징집하면 지리소는 팔뚝을 걷어 붙이고 그 사이를 휘젓고 돌아다니며, 나라에 큰 부역이 있으면 지리소는 몸에 병이 있으므로 부역이 면제되고, 나라에서 병자를 구제할 때는 매번 세 가지의 곡식과 열 다발의 땔나무를 받는다. 그 몸이 결함투성이인 자도 충분히 제 목숨을 지키어 천수(天壽)를 마치는데, 또 하물며 그 덕이 세상 사람들의 쓸모를 초월한 자야 더 말할 게 있겠는가.

支離疏者, 頤隱於臍, 肩高於頂, 會撮指天, 五管在上, 兩髀爲脇. 挫鍼治繲足以餬口., 鼓筴播精, 足以食十人. 上徵武士, 則支離攘臂而遊於其間., 上有大役, 則支離以有常疾不受功., 上與病者粟, 則受三鍾與十束薪. 夫支離其形者, 猶足以養其身, 終其天年, 又況支離其德者乎!『莊子』「人間世」

천수(天壽)라는 말에서 알 수 있는 일점은 장자가 생명을 제1가치로 두었다는 점이다. 비슷한 여러 예화에서 반복되는 주장은 변하기 쉬운 작은 가치관에 휩쓸려 생명을 함부로 내던지지 말라는 것이다. 여기서 한 걸음 나아가 큰 경애를 가진 자의 덕(德)이 얼마나 위대한지를 알라고 했다. 이 두 가지를 합치면, 큰 경애를 지향하는 삶의 충실감을 얘기하는가, 이것이 장자가 우리에게 알려주고자 한 인간주의(人間主義)[7]인가도 싶다.

남백자기(南伯子綦)가 상구(商丘)의 폐허에서 노닐 때 커다란 나무를 보았는데 보통 나무와는 다른 점이 있었다. 그 나무는 말 네 필을 묶은 수레 천 대를 그 그늘에 덮어서 가릴 수 있을 정도였다. 남백자기가 이렇게 말했다.

"이것은 무슨 나무인가? 이것은 반드시 특별한 쓸모가 있을 것이다."

위로 가지를 살펴보았더니 구불구불해서 대들보로 쓸 수 없었고, 아래로 커다란 뿌리를 살펴보았더니 가운데가 갈라져서 관을 만들 수도 없었다. 잎사귀를 혓바닥으로 핥아봤더니 불에 덴 것처럼 상처가 나며, 냄새를 맡으면 사람으로 하여금 미친 것처럼 취하게 하여 사흘이 지나도록 가라앉지 않았다. 자기는 이렇게 탄복했다.

"이 나무는 과연 쓸모없는 나무로구나. 그 때문에 이처럼 크게 자람에 이르렀구나. 아! 신인(神人)들도 이처럼 쓸모없음으로써 자신의 생명을 보존했을 것이다."

南伯子綦遊乎商之丘, 見大木焉, 有異, 結駟千乘, 將隱芘其所藾. 子綦曰:「此何木也哉? 此必有異材夫?」仰而視其細枝, 則拳曲而不可以爲棟樑., 俯而視其大根, 則軸解而不可以爲棺槨., 咶其葉, 則口爛而爲傷., 嗅之, 則使人狂酲, 三日而不已. 子綦曰: 「此果不材之木也, 以至於此其大也. 嗟乎神人, 以此不材!『莊子』「人間世」

7) 인간의 존엄성과 가치를 최우선으로 여기는 세상. 신 중심의 세계관에서 벗어나 인간을 중심에 둔 르네상스 시대의 인본주의에 통한다.

05

나비의 꿈

언제인가 장주(莊周)가 나비꿈을 꾸었다. 날개를 팔랑이며 허공을 떠다니며 자신이 사람이라는 사실을 깨끗이 잊었다. 깨어나 보니 자신이 장주라는 사람이어서 너무나 어리둥절했다. '대체 장주가 꿈에서 나비가 된 것인가, 아니면 나비가 꿈 속에서 장주로 변한 것인가?'

昔者莊周夢爲胡蝶, 栩栩然胡蝶也, 自喩適志與! 不知周也. 俄然覺, 則蘧蘧然周也. 不知周之夢爲胡蝶, 胡蝶之夢爲周與? 周與胡蝶, 則必有分矣. 此之謂「物化」.

『莊子』「齊物論」

무협 소설 속 갖가지 싸움의 기술 중에는 입몽술(入夢術)이란 게 있다. 대적할 상대의 꿈에 몰래 침입하여 그의 무의식을 읽는 것이다. 언젠가 TV 드라마에서 입몽술을 쓰는 인물이 나왔는데, 쓰레기 같은 상대의 꿈에 멀미를 하며 뛰쳐나오는 장면을 본 적 있다. 그러나 장자의 "물화(物化)"란 얼마나 황홀하고 호탕한가. 사물과 나, 꿈과 생시가 도무지 구별이 없다. 사람들이 호접몽(胡蝶夢)에 끌리는 이유이다.

1 퍼센트의 차이:

한때 고양이를 키운 적 있다. 고양이를 곁에서 보면서 하는 짓이 나하고 너무나 닮은 점에 깜짝깜짝 놀라곤 했다. 집의 아이도 알아챘던지 나중엔 고양이가 울거나 행동이 바뀌면 나를 바라보며 "고양이가 뭐래요?" 묻고는 나의 통역을 기다렸다.

유전학적으로 인간과 동물 유인원과의 차이는 1 퍼센트라고 한다. 그렇다면 나와 타인과의 차이가 아무리 크다 해도 1 퍼센트 미만에 머무는 셈이다. 그런데 이 1 퍼센트 미만의 차이가 얼마나 큰지!

> 인간과 가장 가까운 동물이 무엇이냐고 물으면 당연히 침팬지라고 답해야 하지만, 인간과 가장 비슷한 동물이 무엇이냐고 묻으면 나는 서슴지 않고 개미라고 대답한다.
>
> 침팬지가 우리보다 털이 좀 많은 편이고 두 발보다 네 발로 걷기를 더 편하게 여기는 동물이기는 하나 우리와 99 퍼센트의 유전자를 공유하는 까닭에 참으로 흡사한 것이 사실이다. 그러나 침팬지들은 왕을 모시며 나라를 세우거나 대도시를 건설하지도 않고, 농사를 짓거나 가축을 기르지도 않으며, 노예를 부리거나 군대를 이끌고 대규모의 전쟁을 감행하지도 않는다.
>
> 하지만 이 모든 다분히 인간적인 일들이 개미 사회에서는 항상 벌어지고 있다. 기계 문명사회의 주인이 우리인 것은 말할 나위가 없지만 문명사회를 한 발짝만 나서서 자연계로 들어서면 그곳의 주인은 곤충들, 그 중에서도 가장 성공한 곤충인 개미들의 세상이다. 개미는 한 마리씩 놓고 보면 평균 5밀리그램밖에 안 되는 미물이지만 수적으로 워낙 우세한 동물이라 현재 지구상에 살고 있는 모든 개미들의 전체 중량은 전 인류의 체중과 맞먹는다. 겉모습으로는 무척추동물인 개미와 척추 동물인 우리 인간은 닮은 곳이라곤 찾을 수 없는 너무도 다른 동물들이지만, 두 세계의 지배자로 성장하는 진화의 역사

속에서 겪어야 했던 많은 문제들을 신기하게도 매우 비슷한 방법으로 해결한 동물들이다. 따라서 자연의 두 지배자들의 삶의 역사를 비교해보는 작업은 무척이나 흥미롭고 학문적으로도 가치 있는 일이다.

창세기 제1장에 따르면 하느님께서 이 세상을 창조하실 때 우리 인간만은 특별히 당신의 형상대로 만드셨다. 다른 동물들이 모두 자연의 선택을 받는 동안 우리 인간만은 홀로 신의 선택을 받았다는 말이다. 그러나 인간도 남자와 여자가 따로 있고 그들이 만나 수태하면 아이를 자궁 속에서 일정 기간 키우다 낳아서는 젖을 먹이는 일종의 젖먹이동물일 뿐이다. 인간이 참으로 특별난 종임을 부인할 수는 없으나, 인간도 엄연히 이 자연계의 한 구성원이며 진화의 역사에서 예외일 수 없는 한 종의 동물에 불과하다는 사실 역시 틀림이 없다. 이 광활한 우주 전체를 창조하신 하느님께서 어찌하여 우주 공간에 떠 있는 먼지와도 같은 작은 행성인 지구만 특별히 생각하셨고, 또 그 지구에 살도록 한 그 많은 동물들 가운데 유독 우리만 당신의 모습을 닮도록 허락하셨단 말인가? 아무리 생각해도 지나친 짝사랑인 것만 같다.

나는 동물행동학을 연구하는 자연과학자다. 그러나 한편으로는 그들의 모습에서 인간을 보려는 인문학자이고 싶다. 인간 본성의 기원은 어쩔 수 없이 동물 속에 있다. 왜냐하면 그 옛날 생명이 최초로 탄생한 바닷속을 떠돌며 우연히 자기 자신을 복제할 줄 알게 된 그 DNA의 후손들이 지금도 내 몸속, 침팬지의 몸속, 그리고 개미의 몸속에 함께 흐르고 있기 때문이다.[8]

8) 최재천 『생명이 있는 것은 아름답다』, 파주: 효형출판, 2008년, 141-143쪽.

중국의 4대 미녀:

중국에서 꼽는 역사상의 4대 미녀는 서시(西施), 왕소군(王昭君), 초선(貂蟬), 양귀비(楊貴妃)이다.

중국인은 4대 미녀에게 침어(沈魚)니 낙안(落雁)이니 폐월(閉月)이니 수화(羞花)라는 수식을 붙였다. 워낙 아름다우니 물고기가 자신이 못난 것을 부끄러워하며 물속으로 숨는다 해서 '침어'이고, 미녀의 아름다움에 놀라 날아가던 기러기가 땅으로 떨어져서 '낙안'이다. 이렇게 달은 구름으로 제 얼굴을 가리고 꽃도 미녀 앞에서는 고개를 못 쳐든다…. 이 말을 누가 곧이곧대로 들을까마는 『장자』 안에 비슷한 구절이 있기는 하다.

> "미인이 나타나면 물고기는 놀라 물속에 숨고 새는 하늘로 날아오르고 순록이라면 힘껏 달아난다."

문맥상은 '아무리 미인이래도 서로 류(類)나 종(種)이 다른 이상 물고기가 아름답다 여기겠느냐, 오히려 사람인 줄 알고 피한다'란 뜻이다. 해당 문단을 옮겨보면 다음과 같다:

> **그대에게 묻는다:**
> "사람은 습한 데서 자면 허리병이 생기고 반신불수도 되지만 미꾸라지도 그런가? 나무 끝에 올라가면 사람은 무서워 떨지만 원숭이도 그런가? 사람과 미꾸라지, 원숭이 중 누가 올바른 거처를 안다고 할까? 사람은 소나 돼지 등의 가축을 먹고 순록은 풀을 먹고 지네는 뱀을 먹고 올빼미는 쥐를 먹는데, 어느 쪽이 맛을 제대로 안다고 할까? 같은 동물이라도 원숭이는 원숭이를 사슴은 사슴을 짝으로 구하고 미꾸라지는 물고기와 어울리는 게 자연의 이치,

모장(毛嬙)이나 서시(西施)가 아무리 최고 미인이라 해도 그건 인간의 판단이다. 미인이 나타나면 물고기는 놀라 물속에 숨고 새는 하늘로 날아오르고 순록이라면 힘껏 달아난다. 물고기나 새더러 아름다움을 모른다고 할 수 있을까? 지금 유교의 인(仁)과 의(義)가 널리 시비의 기준이지만 그것이 과연 불변의 절대적 기준이라고 누가 장담할까?

且吾嘗試問乎汝: 民濕寢則腰疾偏死, 鰌然乎哉? 木處則惴慄恂懼, 猨猴然乎哉? 三者孰知正處? 民食芻豢, 麋鹿食薦, 蝍蛆甘帶, 鴟鴉嗜鼠, 四者孰知正味? 猨猵狙以爲雌, 麋與鹿交, 鰌與魚游. 毛嬙.西施, 人之所美也., 魚見之深入, 鳥見之高飛, 麋鹿見之決驟. 四者孰知天下之正色哉? 自我觀之, 仁義之端, 是非之塗, 樊然殽亂, 吾惡能知其辯!」『莊子』「齊物論」

인간의 기준이 동물들에게 통하지 않는다. 제아무리 예쁜 서시(西施)[9]라 해도 동물이 그녀를 보고 예쁘다 할 리 없다. 즉 사람들이 말하는 미(美)의 기준은 사람에게만 적용될 뿐, 동물들 각각 기준이 다르다는 예이다.

모두 알다시피, 장자의 사상 핵심에서 이러한 작은 예화는 크게 중요한 게 아니다. 그런데도 이를 적당히 버무려 다른 상황에 맞게 성어(成語)를 만들 정도면 대체 옛사람들은 『장자』를 얼마나 탐독(耽讀)했단 말인가!

과거 책을 숭상하던 시대에 문인(文人)들은 책을 한번 잡으면 읽고

9) 중국4대 미녀 중 한 사람. 춘추 시대 말, 월나라 출신 미녀로 그 아름다움으로 적국 오왕을 유혹하여 오나라를 멸망케 했다는 전설이 있다.

또 읽어 글이 절로 외워지는 학습법을 택했다. 그렇게 외워진 문장을, 그 안의 소소한 구절마저도 아깝게 여겨 알맞게 그 쓰임새를 찾아 주었을 터이다.

06

열자(列子) 집으로 돌아가다

그런 일이 있은 뒤, 열자는 비로소 자기가 아직 참된 학문을 제대로 하지 못했음을 깨닫고 집으로 돌아갔다. 3년 동안 밖에 나가지 않고 아내를 위해 밥도 짓고 돼지를 정성껏 키우며 세상일에 좋고 싫음이 없어졌다. 허식을 깎아내고 본래의 소박함으로 돌아가 홀로서기를 무심할 정도여서 어떤 일이 일어나도 얽매임이 없었다.

然後列子自以爲未始學而歸, 三年不出. 爲其妻爨, 食豕如食人. 於事无與親, 雕琢復朴, 塊然獨以其形立. 紛而封哉, 一以是終.『莊子』「應帝王」

열자(列子, 기원전 4세기경)는 중국 전국 시대의 도가(道家) 사상가로, 이름은 어구(禦寇)이다.

그의 저서로 『열자(列子)』가 남아 있으며 문인 · 후생들의 가필(加筆)이 더해졌다고 한다. 열자는 노자의 우주론에서 좀더 깊게 파였고 우주적 법을 좇아 사는 것이 참된 삶의 방법이라고 보았다.

'우공이산(愚公移山)'[10], '조삼모사(朝三暮四)'[11]나 '기우(杞憂)' [12]등 『열자』에도 우화(寓話)가 풍부하다. 『장자』에서는 열자의 도행(道行)이 비범한 경지에 이르렀음을 묘사하고 있다.

저 열자는 바람을 조종하여 하늘을 날아다녀 가뿐가뿐 즐겁게 잘 날아서 15일이 지난 뒤에 땅 위로 돌아온다. 그는 세상의 평가에 대해서는 말할 것도 없고 세속의 행복을 구하는 일에 대해서도 초연하다. 그러나 이런 사람은 비록 걸어 다니는 번거로움으로부터는 해방되었으나 아직 무엇엔가 의존함이 있는 것이다. 바람 정도가 아닌 하늘과 땅의 바른 기(氣)를 타고 육기(六氣)의 변화를 조종하여 끝없는 경지에 노닐 줄 아는 사람이라면 그는 대체 무엇을 의존할 것이겠는가. 그래서 '지인(至人)은 자기가 없고 신인(神人)은 공적이 없고 성인(聖人)은 명예가 없다'고 한다.

夫列子御風而行, 冷然善也, 旬有五日而後反. 彼於致福者, 未數數然也. 此雖免乎行, 猶有所待者也. 若夫乘天地之正, 而御六氣之辯, 以遊无窮者, 彼且惡乎待哉! 故曰, 至人无己, 神人无功, 聖人无名.

『莊子』「逍遙遊」

---

10) 우공이산(愚公移山, The Foolish Old Man Removes the Mountains)은 오랜 시간이 걸려도 꾸준히 노력해 나간다면 결국엔 뜻을 이룰 수 있다는 뜻의 한자성어.

11) 간사(奸邪)한 꾀로 남을 속여 희롱(戱弄)함을 이르는 말. 중국 송(宋)나라 저공(狙公)의 고사(故事)로, 먹이를 아침에 세 개, 저녁에 네 개씩 주겠다 하니 원숭이들이 화를 내었다. 다시 아침에 네 개, 저녁에 세 개씩 주겠다고 하니 좋아하였다. 결국 같은 양인데도 당장 눈앞의 이익이 크면 어리석은 자는 속아 기뻐한다는 우화다.

12) 중국 기(杞)나라에 어떤 사람이 '만일 하늘이 무너지면 어디로 피해야 좋을 것인가?' 하고 침식(寢食)을 잊고 걱정하였다. 그래서 사람들은 쓸데없는 걱정을 기우라고 한다.

몸은 하늘을 날고 정신은 세속을 떠난 열자가 최종(最終)의 도행(道行) 장소를 집으로 삼아 가족을 돌보고 집안일(가정경제)을 하며 소박한 속에서 드넓은 마음으로 살았다는 게 너무도 반전이다.

"작은 일들에 충실하십시오.
당신을 키우는 힘은 바로 거기에 있으니까요."
- 마더 테레사 (Mother M Teresa, 1910-1997)

07

벗 삼고 싶은 이

자사(子祀), 자여(子輿), 자려(子犁), 자래(子來) 이 네 사람이 이야기를 한다. "누가 과연 무(無)를 머리 삼고 삶은 등골로 죽음을 꼬리라고 여길까. 누가 과연 삶과 죽음이 존재하고 사라짐이 한몸임을 알고 있을까. 그런 자가 있다면 벗 삼고 싶구나." 말이 끝나자 서로를 바라보며 싱긋이 웃고는 서로 뜻이 맞아 벗이 되었다.

子祀, 子輿, 子犁, 子來四人相與語曰: 「孰能以無爲首, 以生爲脊, 以死爲尻, 孰知死生存亡之一體者, 吾與之友矣.」 四人相視而笑, 莫逆於心, 遂相與爲友. 『莊子』 「德充符」

이것은 그야말로 "해피엔딩(Happy ending)"

가장 이상적인, 꿈에서라도 이루고 싶은 결말!

어떤 벗을 원하냐고?

누가 이렇게 물어오기만 해도, 내가 원하는 친구에 대하여 떠올리기만 해도, 쿵쿵쿵 가슴이 뛴다. 마치 십대 소녀시절로 돌아간 것처럼!

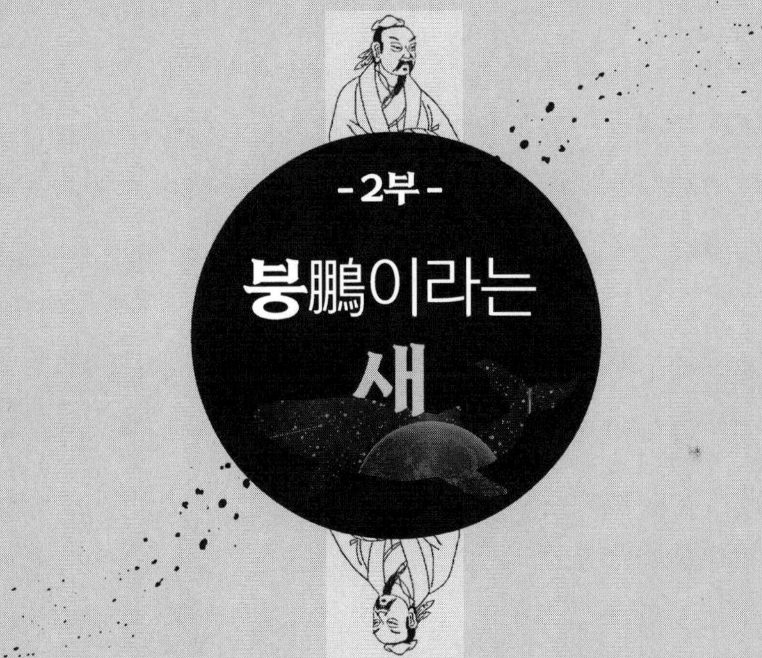

- 2부 -

붕鵬이라는 새

『장자(莊子)』의 첫 이야기:

북녘 바다에 어린 물고기, 곤이라 한다. 곤이 크면 몇천 리나 된다. 그 물고기가 새로 변하니 붕이라 한다. 붕의 등이 몇천 리인지 알 수 없다.
창공 위에서 날개는 하늘에 가득한 구름 같다. 붕은 대풍이 불어 바다가 일렁일 때 남쪽의 먼 바다로 떠난다. 천지로 가고자 함이다.

北冥有魚, 其名爲鯤. 鯤之大, 不知其幾千里也. 化而爲鳥, 其名爲鵬. 鵬之背, 不知其幾千里也., 怒而飛, 其翼若垂天之雲. 是鳥也, 海運則將徙於南冥. 南冥者, 天池也. 『莊子』「逍遙遊」

새끼 물고기라는 뜻의 "곤(鯤)":

정작 두꺼운 『장자』를 펼쳐든 건 불과 2년 전의 일이다. 40년 전 나는 붕의 비상(飛翔)에 꽂혔던 입시생이었고 40년 후 나는 곤의 성장이 기뻐 상상을 멈추지 못하는 중년이다.

바다 한 귀퉁이에 물고기가 한 마리 태어났습니다.
너무 작아서 어디에 존재하는지 잘 크기나 할른지
아무도 알지 못했기에 그저 "곤(鯤)"이라고 불렀습니다.
어린 새끼물고기라는 뜻이랍니다.
곤은 혼자서 잘도 큽니다.
배고프면 먹고 졸리우면 자고 돌보는 이 하나 없어도

아무 근심도 없습니다.
물 아래서나 물 위에서나 바닷가 바위 웅덩이 틈에서나
놀고 놀다 보니 어느새 커다랗게 자라났습니다.
세상에서 가장 커다란 물고기가 되었습니다.
그래도 태어날 때 그대로 곤이라고 불린답니다.

나만의 그림책 안에서 곤은 북극의 차가운 바다에서 즐겁게 크는 중이다. 태양 아래 그보다 더 당당한 존재가 있으랴.

시선(詩仙) 이백(李白):

(…)남화(南華) 장자(莊子)가 칠원(漆園)에서 하늘의 영감을 발휘해
산처럼 고아한 담론(談論) 중에 호탕하고 신기한 이야기를 펼쳤다.
"제해(齊諧)"가 전하는 괴이한 이야기를 인용하여
북쪽바다에 곤이라는 물고기가 있는데 그 크기가 몇 천 리인지 알 수 없다고
말했다. 대붕으로 변할 때 제 바탕은 잃지 않았으나
배아(胚芽)는 아직 혼돈 상태더니 바닷가 섬에서 등지러미를 벗고
천문(天門)에서 날개를 펼쳤다.
발해(渤海)[1] 봄물에서 깃털을 씻고
부상(扶桑)[2] 나무 위에서 떠오르는 햇살에 몸을 말렸다.
우주에서 빛을 내며 곤륜산(崑崙山)을 넘어가는데, 한번 치고 한번 춤추면 안

1) 해가 뜨는 동쪽 바다
2) 중국 전설에서, 해가 뜨는 동쪽 바다 속에 있다고 한 상상(想像)의 신성한 나무. 또는 그 나무가 있다는 곳.

개로 흐릿하고 모래로 어두워진다.[3]

『오악(五岳)이 흔들리며 무너지고

세상의 모든 물결이 붕의 날개짓에 치솟는다.

붕은 두터운 대지를 박차고 올라 태청(太淸)을 짊어지고

층층의 하늘을 질러 겹겹의 바다와 부딪혀간다.

날개로 삼천 리의 바다를 쳐서 일어나고

구만 리 하늘을 향해 빠르게 날아갔다.

등이 솟은 건 태산과 같고

펼친 양 날개는 긴 구름띠가 넓게 펼쳐진 듯하다.

왼쪽으로 맴돌다 오른쪽으로 꺾으니

날개로 가려 어둡던 하늘 그제야 밝아진다.

회오리처럼 광활한 허공으로 올라 저 높은 하늘문에 이르렀다.

태곳적 혼돈(混沌)을 휘젓고 우레와 천둥을 부채질할 적마다

별들이 돌아가고 하늘이 굴절하고 산이 흔들리며 바다가 기운다.

떨쳐 일어나면 마주할 짝이 없고 웅장한 힘에 맞설 상대가 없다.

본디 그 기세를 머리로 상상할 뿐이고

그 모습 또한 어렴풋이 형용할 뿐이다.

발에는 무지개 감기고 눈은 해와 달처럼 빛나는데

훨훨 나는가 하면 빠르게 지나간다.

입김을 내뿜으니 천지 사방에 구름과 안개가 일어나고

깃털을 터니 천 리에 눈발이 날린다.

아득하니 북녘 끝 황막한 땅을 떠나 남녘의 끝까지 가고자

빼어난 날개를 휘저으며 허공에 폭풍을 일으키며 한없이 달린다.

촉룡(燭龍)이 불을 물고 만물을 비추고

---

3) 『莊子』「逍遙遊」에서, 아지랑이와 먼지, 이는 천지간의 생명이 서로 입김을 내뿜어 일어난다고 말했다. 붕이 하늘 높이 날며 지상의 자연현상을 보고 느낀 건지도 모른다.

번개가 하늘을 갈라 채찍을 휘두르며 앞길을 연다.

삼산(즉, 三神山)을 한 덩이 흙으로 여기고 오호(五湖)를 한 잔의 물로 여겼다.

그 움직임은 신과 어울리고 그 운행은 도(道)를 구비했다.(…)

– 이백(李白, 701-762)의 「대붕부(大鵬賦)」에서

당(唐)나라 시인 이백이 『장자』의 첫 장에 나오는 '붕의 소요유(逍遙遊)'를 읊은 것이다. 이백의 나이 24세 때 사천(四川)의 아미산(峨眉山)에 오른 뒤 양자강을 따라 파유(巴渝)를 거쳐 삼협(三峽)을 지나 동정호(洞庭湖)를 유람하였다. 이 무렵 이백은 도교의 대사 사마승정(司馬承禎)을 만나 대화를 나눴다. "산 위의 흰 구름, 소나무 사이의 밝은 달, 가서 만나지 못할 것이 없다오." 이에 이백이, "공(功)을 이루고 이름을 높인 뒤에는 물러나리라, 이것이 저의 생각입니다" 라고 답했다. 이때 쓴 시가 「대붕부(大鵬賦)」라고 한다.

'부(賦)'란 옛 중국의 문장 형식의 하나로 운율을 넣되 산문처럼 긴 문장 형식을 가리키는데 주로 어떤 대상에 대한 풍부한 지식을 전하되 독자를 경탄의 감정으로 이끌 만큼 아름답게 표현하는 특징이 있다. 「대붕부」에서 이백은 도가(道家)의 노장사상(老莊思想)에 대한 해박한 지식과 신화전설을 자유자재로 사용하여 환상적인 시상을 전개하였다. 당시의 대신 하지장(賀知章, 659~744)은 「대붕부」를 읽고 문장에 풍골(風骨)이 있다고 탄복했다. 그 이후 이백은 '적선자(謫仙子)'[4]로 불리게 되었다고 한다.

"하늘로부터 받은 나의 재주 반드시 쓸모 있으리 (天生我才必有用)"

「將進酒」

---

4) 선계(仙界, 신선들이 사는 곳)에서 유배되어 인간 세상에 태어난 선인(仙人).

「장진주(將進酒)」에서 이렇게 호기롭던 이백, 「임종가(臨終歌)」에도 대붕(大鵬)의 비유를 써서 자신의 죽음을 노래했다.

"대붕이 날아서 온 세상을 진동시키나 공중에서 꺾여 힘이 부치누나…(생략)"

01

북녘 바다 물고기

북녘 검푸른 바다에 물고기가 있으니 그 이름을 곤(鯤)이라고 한다. 곤의 크기는 몇천 리가 되는지 알 수 없다. 곤이 변하여 새가 되니 그 이름이 붕(鵬)이다. 이 새의 등길이가 몇천 리나 되는지 헤아릴 수 없다. 힘차게 날아오르면 그 날개는 하늘 가득히 드리운 구름과 같다. 이 새는 파도가 크게 일어나는 해풍을 타고 남쪽 바다 천지로 날아가려 한다. [5]

北冥有魚, 其名爲鯤. 鯤之大, 不知其幾千里也. 化而爲鳥, 其名爲鵬. 鵬之背, 不知其幾千里也., 怒而飛, 其翼若垂天之雲. 是鳥也, 海運則將徙於南冥. 南冥者, 天池也.『莊子』「逍遙遊」

화이위조(化而爲鳥):

곤이 등지러미를 벗고 새가 되더니 날개를 펼치고 하늘로 오

5) 북명(北冥)이란 북쪽으로 끝없이 아득한 먼 곳의 바다를 말한다. 장자는 큰 물고기의 이름이 '곤'이라고 하였지만 이 글자의 원뜻은 물고기 알(魚卵)로서의 상태, 즉 새끼물고기를 뜻한다고 한다. 여기서 천지(天池)는 바다 가운데의 크고 넓은 바다를 말한다.

른다.

아주 크나큰 변화다. 물고기의 지느러미에서 새의 날개로 "변화한다(化)"는 건 어떤 의미인가.

혹시 이것은 이제까지의 깊은 꿈에서 깨어나 자신의 삶의 본질에 대하여 새롭게 의문을 품고서 한껏 도약함을 비유하는가.

꿈속에서 취하여 슬피 울더니 아침에 깨어나 들로 나간다. 꿈에서는 실제라고 여기다가 깨어나서야 그게 꿈이었음을 안다. 인생 또한 이러하다. 진정한 자각이 있고 나서야 자만과 차별에 취한 채 한바탕 꿈을 꾸었음을 안다. 어리석은 자는 자신은 깨어있다고 여기고 아는 체를 하며 왕은 받들고 목동은 무시하니 옹졸하지 않은가. (…) 대각(大覺)의 성인을 만나기는 참으로 어려우니 30만 년 후에라도 한번 만날 수 있다면 그건 아침저녁으로 마주치는 행운이나 다를 바가 없다.

「夢飮酒者, 旦而哭泣., 夢哭泣者, 旦而田獵. 方其夢也, 不知其夢也. 夢之中又占其夢焉, 覺而後知其夢也. 且有大覺而後知此其大夢也. 而愚者自以爲覺, 竊竊然知之. 君乎, 牧乎, 固哉! (…)萬世之後而一遇大聖, 知其解者, 是旦暮遇之也.」『莊子』「逍遙遊」

파우스트의 고뇌:

파우스트라는 인물이 있다. 그는 자신의 능력을 믿고 세상의 모든 학문에 진력한 학자이다. 그러나 그렇게 파고들었음에도 불구하고 자신은 여전히 세상의 근본을 떠받치고 있는 것엔 한없이 무지하다는 걸 깨닫고 그 절망감에 어쩔 줄 몰라 한다. 다시 말해 삶에 위기가 온 것이다. 이것이 괴테(Johann Wolfgang von Goethe, 1749-1832)가 남긴 희곡 『파우스트』의 발단인데, 그 첫 대사는 인생 실패자와도 같은 한탄으로 가득하다:

아! 나는 철학도
법학도, 의학도,
심지어는 신학까지도
온갖 노력을 다 기울여 철저히 공부하였다.
그러나, 지금 여기 서 있는 나는 가련한 바보.
전보다 똑똑해진 것은 하나도 없구나!
석사니 박사니 허울 좋은 이름만 들으며
그럭저럭 십 년이란 세월을
위로 아래로 이리저리
내 학생들의 코를 끌고 다녔을 뿐—
우리가 아는 게 아무것도 없다는 걸 깨닫고 보니
내 가슴은 거의 타버릴 것만 같다.
하기야 박사니 석사니 문필가니 목사니 하는
온갖 멍청이들보다는 현명한 편이지.
나는 회의나 의혹 따위로 괴로워하지 않고,
지옥이나 악마 따위도 두려워하지 않으니까—
그 대신 모든 즐거움은 사라져버리고,
무언가 올바른 것을 알았다는 자부심도 없으며,
인간을 선도하고 개선시키기 위해
그럴싸한 걸 가르칠 자신도 없구나.
그렇다고 재산과 돈이 있는 것도 아니고,
이 세상의 명예나 영화도 누리지 못하니

개라도 더 이상이 꼴로 살기는 원치 않으리라![6]

괴테는 당시 독일에 유명했던 실존인물 '파우스트'라는 사람의 전설을 모티브로 하여 50년의 세월을 들여 대작 『파우스트』를 완성하였다고 전한다.[7] 좌절한 파우스트를 꾀어 파멸로 이끌겠다는 목적을 가진 악마 메피스토펠리스, 악마를 따라 나선 파우스트지만 그는 유혹과 죄악 속에서도 탐구하고 행동하는 걸 멈추지 않는다. 급기야 대규모의 간척 사업을 추진하던 중에 과로가 겹쳐서 파우스트가 죽는데 그때 메피스토펠리스는 파우스트의 모든 과정을 악의 승리로 귀결시키려 하였다.

"어떤 쾌락에도 그는 권태를 모르고, 어떤 행복이라도 그에게 만족을 주지 못했다. 그리하여 그는 변화하기 위해 계속 찾아 헤맸다."

하지만 파우스트는 노력을 멈추지 않았으므로 이미 하늘로부터 구원받았다고 천사들이 노래한다:

영의 세계의 귀하신 분이
악에서 구원을 받았다.
'언제나 노력하며 애쓰는 자를
우리는 구원할 수가 있노라.'

---

6) 요한 볼프강 폰 괴테(Johann Wolfgang von Goethe) · 정서웅譯『파우스트』, 서울:민음사, 2006년, 29-30쪽.

7) '요한 게오르크 파우스트(Johann Georg Faust)'라는 실존 인물은 1541년에 죽은 자로 마술사이자 허풍쟁이로 유명했다. 그가 죽자 그의 이야기에 다른 사건들이나 성경의 일화가 덧붙여지고 부풀려지면서 책으로도 읽히고 연극으로 상연되기도 했다. 괴테 역시 파우스트 전설을 여러 차례 접했던 터에 자신의 주제의식을 살려 '파우스트'라는, 어두운 충동에 시달리면서도 '끊임없이 고뇌하고 노력하여 마침내 구원받는 새로운 인물형'을 만들어 내었다.

이분에겐 천상으로부터의
사랑의 은혜가 베풀어졌으니
축복받은 사람들의 무리가
진심으로 환대할 것이다.[8]

8) 괴테 · 정경석譯『파우스트』, 서울:문예출판사, 1978년, 455쪽.

02

6월 바람을 타고

제해란 괴이한 일을 많이 아는 자이다. "붕이 남쪽 바다로 날아갈 때에는 파도를 일으키기를 3천 리, 회오리바람을 타고 오르면 그 높이가 9만 리. 그런 뒤에야 유월 바람을 타고 떠나는 것이다." 이것도 그에게서 들은 이야기다.

齊諧者, 志怪者也. 諧之言曰: 「鵬之徙於南冥也, 水擊三千里, 摶扶搖而上者九萬里. 去以六月息者也.」『莊子』「逍遙遊」

철새:

바람이 깃털을 건들면 철새는 날아올라야 하는 계절이 왔음을 알고 긴장한다. 한번 이동을 시작하면 밤낮으로 날 것이다. 날아오른 철새는 자신들이 어디로 가야 할지 무엇을 해야 할지 정확히 알고 있다. 항해 중에 어떤 일이 일어날지 다 안다고 할 수 없지만 그들은 전진한다. 그들이 몸으로 기억하는 연료보급지(*날개를 쉬며 영양분을 채우는 곳)에 방문할 때만 땅에 내려온다.

비행의 근본 동력이 먹이와 번식이라 해도 대자연의 섭리에 따라 자신이 지닌 생명의 힘을 완전연소할 줄 아는 새에게 어떤이는 "지구에서 가장 불후의 존재”[9]라는 별명을 지어주었다고.

하지만 눈여겨보면 하나같이 불후의 존재!

주위를 둘러 보라.

살아있으면서 분투하지 않는 이 어디 있으랴!

9) 생태학자 레이첼 카슨(Rachel Louise Carson, 1907-2024)의 말이다:

“물새들이 까마득히 오랜 옛날부터 그랬던 것처럼 파도가 부서지는 해변을 휩쓸며 오르락내리락 날아다니는 모습을 보는 것은(…) 지구에서 가장 불후의 존재라고 말해도 좋을 생명을 알게 되는 것이다.”

03

높이 나는 새 - 메추라기

붕이 9만리 높이로 올라야 했던 것은 바람층이 두텁지 않으면 큰 날개를 띄울 수 없기 때문이다. 한번 이륙에 성공한 뒤엔 별 장애 없이 푸른 하늘을 등에 진 채 유유히 날아간다.

風之積也不厚, 則其負大翼也無力. 故九萬里, 則風斯在下矣, 而後乃今培風, 背負青天而莫之夭閼者, 而後乃今將圖南.『莊子』「逍遙遊」

보통의 새는 생각도 할 수 없는 "9만 리 높이"로 솟구쳐 올라야 했던 것은 "유유히" 먼 거리를 비행해야 하기 때문이었다.

(붕은) 회오리바람을 타고 양(羊)의 뿔처럼 빙글빙글 선회하면서 9만 리 꼭대기까지 올라간다. 구름 위로 뚫고 나가 푸른 하늘을 짊어진 연후에 남쪽으로 가기를 도모하며 바야흐로 남쪽 바다를 향해 떠나가려고 한다.

(鵬)背若太山, 翼若垂天之雲, 摶扶搖羊角而上者九萬里, 絶雲氣, 負青天, 然後圖南, 且適南冥也.『莊子』「逍遙遊」

그만한 이륙의 고도(高度)라든지 항해의 거리는 생각해 본 적이 없기에 보통새들의 눈에 붕은 쓸데없이 터무니없는 높이까지 날아오른 바보로 비친다. 이러한 무지에 대하여 장자가 탄식을 한다. [10]

메추라기가 붕을 비웃었다. "저놈은 도대체 어디로 가겠다고 하는 것인가. 나는 힘껏 날아올라도 몇 길을 지나지 않고 도로 내려와 쑥대밭 사이를 날아다닐 뿐이다. 그나마 이게 내가 한껏 날아오를 수 있는 최고 높이다. 그런데 저놈은 대체 어디로 가려고 9만 리 하늘꼭대기까지 올라가는 것인가." 이것이 바로 작은 것과 큰 것의 차이이다.

斥鴳笑之曰: 彼且奚適也? 我騰躍而上, 不過數仞而下, 翱翔蓬蒿之間, 此亦飛之至也. 而彼且奚適也?」 此小大之辯也.『莊子』「逍遙遊」

누가 붕鵬의 분투를 알랴! 가까운 교외로 하루 나들이는 세 끼 식사만 대비하면 된다. 백 리를 걸어가려면 그보다 많이, 천 리 길이면 길에서 석 달 먹을 것을 계산해야 한다.

適莽蒼者, 三飡而反, 腹猶果然. 適百里者, 宿舂糧. 適千里者, 三月聚糧. 之二蟲

---

10) 붕을 비웃는 무리가 많음을 알리기 위해 장자는 메추라기, 매미, 비둘기들을 등장시킨다:
"하늘이 침침하게 큰 날개를 펴고 붕(鵬)이 높이 날아오르자, 매미蜩와 비둘기學鳩가 쑥덕거리기 시작합니다. "우리들이 날아봤자 느릅나무(楡樹)나 다목나무(枋樹) 가지에 앉을 수 있으면 됐지. 쟤는 지가 뭐라고 9만 리나 솟구쳐서 그 먼 바다를 건너겠다는 거라니? "
蜩與學鳩笑之曰:「我決起而飛, 搶楡枋而止, 時則不至而控於地而已矣, 奚以之九萬里而南爲?」『莊子』「逍遙遊」

又何知! 莊子逍遙遊,

작은 지혜는 큰 지혜에 미치지 못하고, 짧은 수명은 긴 수명에 미치지 못한다. 잠깐 피었다 지는 하루살이버섯(朝菌)이 밤과 새벽을 알 리 없고 여름날 씽씽 매미(蟪蛄)가 봄과 가을을 알 리 없듯이 ….

小知不及大知, 小年不及大年. 奚以知其然也? 朝菌不知晦朔, 蟪蛄不知春秋, 此小年也. 莊子 <內 篇 >逍遙遊

붉은가슴도요새 루파 B95:

'B95'는 붉은가슴도요 중 루파라는 아종(亞種)에 속한다. 몸무게가 고작 113g인 개똥지빠귀만한 이 새는 물속에 사는 물고기나 벌레 따위를 잡아 먹기 좋게 다리와 목, 부리가 길다. B95, 그것은 이 새의 왼발에 달아준 오렌지색 플라스틱 플랙에 새겨진 문자와 숫자의 조합이다. 이 표식이 있어 우리는 이 새의 이동경로가 북극에서 남극, 남극에서 북극에 이르고 이제까지 523000킬로미터 이상을 날았음을 알았다. 지구에서 달까지의 거리가 384400킬로미터니까 달까지 도착하고 이제 지구로 돌아오는데 그 반을 넘어선 셈이다. 그래서 이 새의 또 다른 이름은 문버드(Moon Bird)이다.

B95는 느낀다. 뼈와 날개가 떨리는 것을. 때가 되었다. 오늘은 그가 다시 한 번 공중으로 몸을 던지고, 나선을 그리며 구름 위로 오르고, 몸을 기울여 바람을 타며, 새로 털갈이한 비행깃을 실전에서 써 볼 날이다. 그는 몇 주 동안 시험 비행을 해 왔고, 이제 준비가 되었다고 느낀다. 그동안 B95는 물(*潮

水)이 차올라 먹이를 먹을 수 없는 시간에는 매일같이 날개의 깃가지를 하나 하나 다듬어 갈라진 틈이 없도록 완벽하게 손질했다. 이제 바람이 날개를 갈라 속도를 늦출 일은 없다. B95는 벌레, 조개, 홍합, 작은 갑각류를 게걸스럽게 먹어 연료를 최대한 채웠다. 몸속의 위성위치확인시스템(GPS)은 북쪽을 향해 맞췄다. 온 무리가 기대감으로 술렁인다. 다들 지저귀고 있다. 일부는 생애 최초의 비행을 기다리고 있다.[11]

11) 필립 후즈(Phillip Hoose) · 김명남譯 『문버드(MOON BIRD)』, 파주:돌베개, 2016년, 9쪽.

04

무한의 세계

변하기 쉬운 판단에 기대하고 흔들리는 일은 아주 무의미하다. 천예(天倪) 즉 자연의 길로써 모든 것을 조화시키고, 만연(曼衍:변화)에 모든 것을 맡겨둠이 천수(天壽)를 누리는 길이다. 천예로 모든 것을 조화시킨다 함이란, 옳다와 그르다, 그렇다와 그렇지 않다. 옳다가 참으로 옳다면 옳다와 그르다가 다르다는 게 분명하다. 또 그렇다가 참으로 그렇다면 그렇다와 그렇지 않다가 다른 것이 분명하다. 이러한 대립을 근본적으로 초월하여 모든 일에 대처하는 것을 천예로써 조화시킨다고 말한다. 나이를 잊고 생사에 얽매이지 않으며 의리를 잊으면서 옳다 그르다에 구애됨 없이 곧 무한한 경지로 나아가게 된다. 모든 것을 무한한 경지에 놓아두는 것이다.

「化聲之相待, 若其不相待, 和之以天倪, 因之以曼衍, 所以窮年也. 何謂和之以天倪? 曰: 是不是, 然不然. 是若果是也, 則是之異乎不是也, 亦無辯. 然若果然也, 則然之異乎不然也亦無辯. 忘年忘義, 振於無竟, 故寓諸無竟.」『莊子』「齊物論」

인간은 정녕 자유로운 존재인가? 불리한 환경에서도 인간이 인간다운 행동을 택하는 것, 그것이 바로 "인간의 자유"라고 빅터 프랭클(Viktor Emil Frankl, 1905-1997)이 말했다. 장자가 가리키는 무한한 경지(無竟)라든지 소요자재(逍遙自在)란 신년카드에 그려진 동양화가 아니다.

하지만 인간의 자유는 어떤가? 어떤 주어진 환경에 대한 사람들의 행동과 반응에 아무런 정신적 자유도 없단 말인가? 우리가 믿고 있는 이론, 즉 인간은 여러 조건과 환경적인 요인- 생물적, 심리적 사회적 성격으로 이루어진 이 만들어 낸 하나의 피조물에 지나지 않는다는 것이 정말로 사실일까? 인간은 이런 여러 요소들에 의해 우연히 만들어진 존재에 지나지 않는 것일까? 무엇보다 중요한 것은 강계 수용소라는 특별한 상황에서 수감자들이 보인 반응이 '인간은 주변 환경의 영향을 피할 수 없다'라는 이론을 입증해 줄 수 있는가 하는 것이다. 그런 환경에 직면한 인간에게는 자기 행동을 선택할 자유가 없단 말인가?

이론은 물론, 내가 직접 체험한 것을 통해서도 나는 이 질문에 대한 해답을 내릴 수 있다. (…)

가혹한 정신적, 육체적 스트레스를 받는 환경에서도 인간은 정신적인 독립과 영적인 자유의 자취를 '간직할 수' 있다는 것이다. (…)

강제 수용소에 있었던 우리들은 막사를 지나가면서 다른 사람을 위로하고 마지막 남은 빵을 나누어 주었던 사람들이 있었다는 것을 기억하고 있다. 물론 그런 사람이 아주 극소수였는지도 모른다. 하지만 이것만으로도 다음과 같은 진리가 옳다는 것을 입증하기에 충분하다. 그 진리란 인간에게 모든 것을 빼앗아 갈 수 있어도 단 한 가지, 마지막 남은 인간의 자유, 주어진 환경에서 자신의 태도를 결정하고 자기 자신의 길을 선택할 수 있는 자유만은 빼앗아 갈 수 없다는 것이다.[12]

12) 『 빅터 프랭클(Viktor Emil Frankl) 이시형 역『죽음의 수용소에서 』 파주:청아출판사, 2020년, 107-108쪽.

05

끝없는 이야기

견오(肩吾)가 연숙(連叔)에게 물었다.

"나는 접여(接輿)에게서 어떤 이야기를 들었는데 너무 터무니없고 무한히 나아가기만 하여 멀어져서 되모아지지 않았습니다. 그런 이야기에 그만 오싹하니 두려운 맘이 생길 만큼 접여의 이야기는 하늘의 은하수처럼 한없이 계속되었습니다. 현실과 크게 동떨어진 게 상식에 어긋납니다."

연숙이 물었다. "어떤 내용이던가."

견오가 대답하기를, "'막고야(藐姑射)의 산에 신인(神人)들이 살고 있는데 피부는 빙설(氷雪)처럼 희고 몸매가 부드러운 것이 처녀처럼 사랑스럽다. 곡식은 일체 먹지 않고 바람을 들이키고 이슬을 마시고서 구름 기운을 타고 비룡(飛龍)을 몰아 사해(四海) 밖에 노닌다. 신인의 신묘한 정기(精氣)의 작용이 응집(凝集)하면 모든 것이 상처도 안 나고 병들지 않고 매해 곡식도 풍성하게 영근다'고 하더군요. 접여의 이야기가 허황되어서 도저히 믿을 수가 없습니다."

연숙이 말하였다. "그렇겠군. 장님은 무늬와 빛깔의 아름다움을 볼 수가 없고 귀머거리는 종소리와 북소리의 황홀한 가락을 들을 수가 없다지만, 이런 육체적인 귀머거리 장님 말고도 앎(知)에 있어서도 귀머거리와 장님이 있다는 말 들어봤나. 바로 자네 같은 사람을 두고 하는 말일세. 이런 신인의 덕은 장차 이 세상 만물을 (무위자연으로) 혼합하여 하나로 합해 버릴 수도 있으니, 세상 사람들은 그가 천하를 다스려 주기를 바라지만 신인이 무엇 때문에 인간 세상을 다스린다고 따로 수고하겠는가. 신인은 무엇에 의해서도 손상되지 아니하니, 큰 홍수가 나서 하늘에까지 닿을 지경이 되어도 물에 빠지지 아니하며 큰 가뭄으로 금속과 암석이 녹아 흐르고 대지나 숲이 타버려도 불에 타지를 않는다네. 신인은 자기 발톱에 낀 때를 가지고 요임금이나 순임금도 빚어낼 수 있다네. 그러한 신인이 뭐하러 (인간) 천하를 위하여 수고할 것인가."

肩吾問於連叔曰:「吾聞言於接輿, 大而無當, 往而不返. 吾驚怖其言, 猶河漢而無極也., 大有逕庭, 不近人情焉.」連叔曰:「其言謂何哉?」曰:「藐姑射之山, 有神人居焉, 肌膚若氷雪, 綽約若處子., 不食五穀, 吸風飮露., 乘雲氣, 御飛龍, 而遊乎四海之外. 其神凝, 使物不疵癘而年穀熟. 吾以是狂而不信也.」

連叔曰:「然! 瞽者无以與文章之觀, 聾者无以與乎鐘鼓之聲. 豈唯形骸有聾盲哉? 夫知亦有之. 是其言也, 猶時女也. 之人也, 之德也, 將旁礴萬物以爲一, 世蘄乎亂, 孰弊弊焉以天下爲事! 之人也, 物莫之傷, 大浸稽天而不溺, 大旱金石流, 土山焦而不熱. 是其塵垢粃糠, 將猶陶鑄堯舜者也, 孰肯分分然以物爲事.」

『莊子』「逍遙遊」

아득한 '생사(生死)'에 대하여:

초나라 남쪽에 명령(冥靈)이라는 나무가 있다. 이 나무는 수명이 길어, 꽃 피는 봄으로 5백 년을 살고 잎 지는 가을로 다시 5백 년을 산다고 한다. 더 오랜 옛날에 대춘大椿 나무는 8천 년이 봄이고 다음 8천 년이 가을이었다고 한다. 만육천 년이 지나야 한 살이 되는 셈이니 이 얼마나 긴 수명인가.

楚之南有冥靈者, 以五百歲爲春, 五百歲爲秋., 上古有大椿者, 以八千歲爲春, 八千歲爲秋, 此大年也,(…).

『죽는 게 뭐라고 - 시크한 독거 작가의 죽음 철학』[13] 에서 죽을 병에 걸린 일흔 살의 작가 사노 요코 씨가 정작 곤란해 한 건 사람들의 죽음에 대한 태도가 자신과 너무나 다르다는 점에 있었다. 작가는 멈추지 않는 호기심으로 그 다름을 탐색하였다. 심지어는 주치의와 자신의 병을 논의하기보다 생명의 죽음에 대한 토론을 즐긴다.

주치의 히라이 씨는 "인간이란 무엇인지를 고찰하는 건, 다시 말해 뇌란 무엇인지를 고찰하는 일"(104쪽)이라면서, "결국 나 자신은 뇌 속에 있는 것"(104쪽)이고 뇌에서도 "'나 자신'은 인간의 몸 중 가장 발달한 대뇌피질의, 엄청나게 복잡한 신경회로 속에 존재"(104-5쪽)한다고 말한다.

여기서 '대뇌피질'과 '자기 자신'이란 정신적인 면을 가리키는 모양.

왜냐하면 그가 다음 말을 이렇게 이어가니까.

> 당신 자신은 대뇌의 회로 속에 있지만, 신체는 이것과 별개로 지구 40억 년의 역사 속에서 태어난 60조 개의 세포로 이루어진 유기물의 집합입니다. 즉 당신 자신과는 별개이죠. 당신은 신체를 빌리고 있을 뿐이에요. 그러므로 산소 호흡에 따라 신체는 서서히 산화되어 낡고 쇠약해진 끝에, 죽을 때가 되면 몸을 지구에게 돌려줍니다. 대뇌 컴퓨터의 스위치가 딸깍, 하고 꺼지면서 끝

13) 사노 요코사노·이지수譯『죽는 게 뭐라고-시크한 독거 작가의 죽음 철학』, 마음산책 출판사, 2015년. 요코는 1938년 생으로 미술가이자 그림책 저자로 2010년 72세에 서거했다.

(…). (106쪽)

현대 의학의 관점에서 사람은 "몸이 태어나고 몸이 살다가 몸이 죽는" 현상일지도 모른다. 그렇다 해도 히라이 씨는 인간은 정신과 신체로 나뉘어져 있고, "뇌(즉 정신)의 죽음"(치매나 식물인간 상태)과 신체적인 죽음은 시간상 일치할 수도 일치하지 않을 수도 있음을 말하고 있다. 밴드에서 어느 정신과 의사도 이와 비슷한 표현을 하였다. 육신을 가진 생명으로서 끊임없이 하지 않으면 안 되는 것은 심장박동이며 먹고 배설하는 일, 이 두 가지 기능이 다할 때 "육신이 소멸했다(신체의 죽음)"고 한다. 이렇게 분명한 육신의 생사와 달리 "마음은 알 수 없는 미지의 영역이다. 몸은 몇 킬로로 태어나고 성장하고 다 보이는데 마음은 도무지 보이지가 않는다". 그래서 현대인들은 당연하게도 머리와 가슴 사이의 거리가 너무 멀다.

어쨌든 고령의 암 환자인 작가와 건강한 주치의는 죽음에 대한 긴 토론을 하고 있다. 이렇게 일견 대립적 관계 속에서도 대화가 가능한 것은 "인간에게 죽음은 필정(必定)"이라는 대전제를 공통으로 인지하고 있기 때문이다.

죽음이 필정이라면 인간이 분투하는 시간 또한 유한하다. 태어난 순간부터 죽음까지 그 과정 안에 한정되어 있다. 한정된 시간 안에 우리는 무엇을 할 것인가. 이 질문 속에 우리들 인생의 숙제가 있다. 그 숙제를 쉽고 간단하게 할 수는 없는가?

문학박사 최정옥이 풀어 읽은 『낭송서유기』 안에서 삼장법사를 모시고 서역으로 가는 길이 너무 힘든 저팔계가 도술을 잘 부리는 손오공에게 묻는 것도 같은 맥락이다.

"형님, 그렇다면 일이 쉽게 되겠소. 형님이 사부님을 등에 업고 고개를 두 번 흔드시고 허리를 구부려서 강을 넘어가면 되겠소. 하필 힘들게 요괴 놈과 싸운단 말이오?" [14]

이에 손오공(*行者)이 다음과 같은 대답을 한다.

"나의 근두운도 구름일 뿐이야. 고작 얼마쯤은 갈 수 있겠지. 너도 사부님을 태우고 날아갈 수 없는데, 근두운이라고 어떻게 태울 수 있겠냐? 옛말에 이르길, '태산을 겨자씨처럼 가볍게 옮길 수는 있어도, 범부를 끼고는 홍진세상을 벗어날 수 없다' 했지. 이 발칙한 요괴 놈도 그래! 내가 섭법을 쓰거나 바람을 일으켜서 질질 끌고 갈 수 있지만, 공중으로 끌고 갈 수는 없지. 이런 술법 따위 이 손 어르신에게 어렵지 않아.또 은신법, 축지법 등등을 나는 다 알고 있지. 하지만 사부님은 고생스럽게 이국을 제 발로 걸으셔야 해. 그렇지 않고서는 고해를 초탈하실 수가 없어. 때문에 한 걸음씩 어렵게 길을 가는 거지. 나와 너는 사부님의 몸과 생명을 보호할 수 있을 뿐, 대신해서 이 고뇌를 없애준다거나 불경을 대신 받거나 할 수 없어. 가령 우리가 먼저 달려가서 부처님을 뵙고 불경을 달라고 해도 부처님은 불경을 우리에게 주려고 하지 않으실 거야. 이건 바로 '쉽게 얻은 것은 등한시하기 마련'이라는 이치지."(92-3쪽)

저팔계처럼 우리는 "삶의 과정"을 "쉽게 얻은 것으로 채울 수 있다고 보는 조바심"이 있다. 이 조바심은 "육체와 정신의 조합"으로

---

14) 정옥 풀이 『낭송 서유기』,서울: 북드라망 출판사, 2015년, 91쪽.

『서유기(西遊記)』는 중국의 4대 고전소설의 하나로, 당나라 삼장법사가 인도로 불경을 구하러가는 여행기이다. 실존인물 고승 현장(玄奘,602-664)의 구법기를 모티브로 한 구전설화를 오승은이 집대성한 소설이다. 등장인물 중 현장의 제자로 손오공, 저팔계, 사오정 등이 등장, 저자 오승은에 이르러 『서유기』의 주인공을 삼장법사에서 손오공으로 바꿔치기 되었다. 손오공(孫悟空)의 생동발랄한 캐릭터는 시공간을 초월하여 인기가 높다.

서 삶을 인지하지 못한 탓으로 보인다. 손오공을 통해 우리는 서역으로 가는 길은 몸만이 가는 것이 아니고 몸과 마음이 함께 전진하는 길임을 알게 되었다.

삶도 그런 것이다. 당장 심장이 뛰고 배가 고픈 것은 육신이다. 그러나 그 육신을 가동시켜서 가야 할 방향으로 핸들을 잡는 주체를 잊으면 안 된다. 인간 내면을 중시한 철학과 종교들에는 그에 대한 지혜가 있다. 인류 보편의 지혜가 들려주는 생명의 영원한 생사에 대한 아득하고 아득한 이야기를 들어야 한다.

06

소잡이 '포정(庖丁)'

문혜군(文惠君) 앞에서 포정(庖丁,소잡이)이 소를 잡는다. 손으로 쇠뿔을 잡고 어깨에 소를 기대게 하고 발로는 소를 밟고는 무릎을 세워 소를 누르면서 칼질 소리가 획획 하더니, 칼이 움직이면 쐐쐐— 하는 소리가 나는데 그 리듬이 마치 상림(桑林)의 무악(舞樂)과 같았으며, 경수(經首)의 박자에도 꼭 맞았다.

문혜군이 말했다.

"아! 훌륭하구나. 기술이 어찌 이런 경지에 이를 수 있는가!"

포정이 칼을 내려놓고 대답했다.

"제가 좋아하는 것은 도(道)인데, 기술을 초월한 것입니다. 처음 제가 소를 해부하던 때에는 눈에 비치는 것이 온전한 소 아님이 없었습니다. 그런데 3년이 지난 뒤에는 온전한 소는 보이지 않게 되었습니다. 지금은 제가 정신을 통해 소를 대하고 눈으로 보지 않습니다. 감각기관의 지각 능력이 활동을 멈추고, 대신 신묘한 작용이 움직이면 자연의 결을 따라 커다란 틈새와 빈곳에 칼을 놀리며 소의 몸 바탕을 따라갑니다. 칼이 살이나 뼈의 결을 거스르지 않으니 큰 뼈가 문제겠습니까?"

"솜씨 좋은 백정은 일 년에 한 번 칼을 바꾸는데 살코기를 베기 때문이고, 보통의 백정은 한 달에 한번씩 칼을 바꾸는데 뼈를 치기 때문입니다. 지금 제가 쓰고 있는 칼은 19년이 되었고, 그동안 잡은 소가 수천 마리인데도 칼날이 마치 숫돌에서 막 새로 갈아낸 듯합니다. 뼈마디에는 틈이 있고 칼날 끝에는 두께가 없습니다. 두께가 없는 것을 가지고 틈이 있는 사이로 들어가기 때문에 넓고 넓어서 칼날을 놀리는 데 반드시 남는 공간이 있게 마련입니다. 이 때문에 19년이 되었는데도 칼날이 마치 숫돌에서 막 새로 갈아낸 듯합니다.

비록 그러하지만 매양 뼈와 근육이 엉켜 모여 있는 곳에 이를 때마다, 저는 그것을 처리하기 어려움을 알고, 두려워하면서 경계하여, 시선을 한 곳에 집중하고, 손놀림을 더디게 합니다. 그 상태로 칼을 매우 미세하게 움직이면, 스르륵 하고 고기가 알아서 뼈에서 해체되어 마치 흙덩이가 땅에 떨어지는 듯합니다. 칼을 든 채 일어서서 사방을 돌아보며 머뭇거리다가 제정신으로 돌아오면 칼을 닦아서 간직합니다."

문혜군이 말했다.

"훌륭하다. 내가 포정의 말을 듣고 양생(養生)의 도(道)를 터득했다."

庖丁爲文惠君解牛, 手之所觸, 肩之所倚, 足之所履, 膝之所踦, 砉然嚮然, 奏刀騞然, 莫不中音. 合於桑林之舞, 乃中經首之會. 文惠君曰: 「譆, 善哉! 技蓋至此乎?」 庖丁釋刀對曰: 「臣之所好者道也, 進乎技矣, 始臣之解牛之時, 所見无非全牛者. 三年之後, 未嘗見全牛也. 方今之時, 臣以神遇而不以目視, 官知之而神欲行. 依乎天理, 批大郤 導大窾因其固然, 技經肯綮之未嘗微礙, 而況大軱乎! 良庖歲更刀, 割也., 族庖月更刀, 折也. 今臣之刀十九年矣, 所解數千牛矣, 而刀刃若新發於硎. 彼節者有閒, 而刀刃者無厚., 以無厚入有閒, 恢恢乎其於遊刃必有餘地矣. 是以十九年而刀刃若新發於硎. 雖然, 每至於族, 吾見其難爲, 怵然爲戒, 視爲止, 行爲遲. 動刀甚微, 謋然已解, 如土委地. 提刀而立, 爲之四顧, 爲之躊躇滿志, 善刀而藏之.」 文惠君曰: 「善哉! 吾聞庖丁之言, 得養生焉.」 『莊子』 「養生主」

함께 『장자』를 읽고 토론했던 '김지형'이라는 젊은 친구가 있다.[15] 택견을 배우고 있다 해서 뭔가 물어보고 싶었는데 기회가 없었다. 그가 '포정(소잡이)의 양생'에 대하여 논한 부분을 여기에 옮겨 쓴다:

> 그렇다면 포정의 칼날이란 무엇인가?
>
> 나는 칼날이 우리들의 마음이라고 생각한다. 우리는 마음이라는 매개체를 가지고 상대방과 접속한다. 접속할 때 이 마음을 어떻게 쓰느냐에 따라서 칼날의 상태가 정해지는 것이다.
>
> 내가 무조건 옳다고 생각해서 상대방을 내 입맛대로 바꿀 것인가? 상대방의 마음이나 맥락을 무시하고 내 마음대로 살 것인가? 뭐가 됐든 이런 식은 "결"을 거스르는 행위이다.
>
> 그렇다면 어떻게 마음을 써야 하는가?
>
> 무언가 억지로 하지 말고, 자신의 사심과 욕망에 움직이지 않고, 애쓰지 않으며, 외부의 상(像)에 집착하지 않고, 자신에게 덧붙여져 있는 것들을 내려놓고 접속하면 된다. 즉, "나"를 내세우지 않고 세상과 만나야 칼날을 보존할 수 있다. 이것이 바로 장자가 말하는 양생(養生)이다.

칼을 다루는 이는 무섭다는 선입견, 그러나 포정에 이르고 보면 무서움은 날아가고 그 기술의 신기함이 황홀할 정도다. 현란한 그의 칼질에 문장의 의미도 희미하다. 그저 포정만이 보인다. 그래도 무얼 느꼈냐고 누군가 물어올까 봐 "정신을 통해 소를 대하고 눈으로 보지 않습니다"에 밑줄을 쳤다.

---

15) 필동 언덕길의 감이당에서 열었던 'Book-ing『장자』'라는 모임에서 함께 토론했던 인연이다. 당시 지형 씨 말고 끝나고 어울렸던 학우(學友) 두셋이 있었는데 그들의 토론문도 함께 싣지 못하여 아쉬운 맘이다. 모두가 한때의 시절인연이던가.

"고수는 보통사람들 속에 있다. (高手在民間)"

중국의 속담이다. 무엇인가 뛰어난 기술을 가진 사람, 그 기술을 통해서 중요한 도리를 터득한 사람 그런 사람을 가리켜 우리는 '고수'라 한다. 그런 사람은 특별한 곳에 살고 길러지는가. 그렇지 않다. 우리들 보통의 생활 속에서 성장하고 통달하여 우뚝 선 것이다.

책을 읽기 위해 함께 모이는 시간이 점점 즐거워졌다. 같은 곳을 읽어도 각각이 다른 생각, 덕분에 가슴이 풍요해진다. 발표를 하고 서로 토론하는 동안 우리의 뇌와 가슴은 상쾌해진다. 타인과의 교류, 고전을 통하기에 더욱 신선하다. 그러함에도 속이 내내 쓰렸다. 토론회 참가비로 지출이 컸던 탓이다. 병약해진 신체를 끌며 땡볕 아래 언덕을 오르는 일도 고역이었다. 돈도 시간도 체력도 악조건, 그럼에도 출혈(出血)을 감행해야 했던 그해 여름의 어떤 필요.

> 배움을 얻는다는 것은 다른 사람이 아닌 자기 자신의 인생을 사는 것을 의미합니다. 갑자기 더 행복해지거나 부자가 되거나 강해지는 것이 아니라, 세상을 더 깊이 이해하고 자기 자신과 더 평화롭게 지내는 것을 의미합니다. "난 내 삶이 불완전하기 때문에 더 즐겁다."라고 누군가는 말했듯이, 삶의 배움을 얻는다는 것은 삶을 완벽하게 만드는 것이 아니라, 있는 그대로 삶을 받아들일 줄 알게 되는 것입니다. [16]

---

16) 엘리자베스 퀴블러 로스(Elisabeth Kübler-Ross)데이비드 케슬러 · 류시화譯 『인생수업』, 파주: 이레, 2006년, 19쪽.

07

지난날을 좇을 수 없다

혜자란 이가 양나라 재상일 때 장자가 만나고자 했다. 누군가 혜자에게 그 일을 말하길, “장자가 당신 자리를 노리나 봅니다.” 라고.

혜자는 장자가 올까 봐 사흘 낮밤을 눈도 못 붙였다. 장자는 일부러 혜자 앞에 직접 나타나 말을 걸었다. “혹시 아시오? 저 남쪽 나라에 봉황새[17]가 있답니다. 봉황은 남해를 떠나 북해로 날아가지만 벽오동나무가 아니면 쉬질 않는다오. 오직 멀구슬나무[18] 열매만 먹고 예천의 물만 마신다오. 그런데 올빼미 한 마리가 말이오, 마침 썩은 쥐 하나 발견하던 차에 봉황이 보이니 혹시 제 먹이를 빼앗으러 왔나 의심이 들어서 꽥 하고 소리부터 내질렀다 합니다. 지금 당신이 나를 쫓아내려 애쓰는 것처럼 말이오.”

17) 봉황은 아름답고 신성한 상상의 새, 원문의 ‘원추(鵷鶵)’는 봉황의 일종이라고 한다. 우리 민화 속의 봉황은 대략 닭의 머리, 학의 몸, 공작새의 꼬리로 결합된 듯하지만 중국의 옛 문헌 속에 봉황의 모습은 조금씩 다르다. 어진 임금이 있어 나라가 태평할 때에 봉황이 출현한다는 믿음이 있어 임금을 상징하는 무늬로 많이 그려졌다. 고귀하다는 면에서 다른 날짐승과는 차별점이 있다고 보아 출중한 인재를 가리키는 말로도 쓰였고 그 외, 봉과 황이 암수를 구별한 이름이라는 점에서 남녀의 사랑을 의미하는 시어이기도 하다. 공예 방면에서는 전통적으로 건축의 벽화나 조각, 봉대(鳳帶)나 봉잠(鳳簪) 등 장신구나 자수(刺繡), 현대에 이르러 상장이나 상패 등의 도안으로 표현된다.

18) 멀구슬나무 열매 혹은 대나무 열매 : 온대에서 열대에 걸쳐 50속의 약 550종 가량이 분포하고 있는데 열매는 작은 공 모양 또는 날개가 있는 모양 두 가지가 있다. 또 봉황이 먹는 것이 죽실(대나무 열매)이라는 설도 있다. “봉황이 항상 대나무 열매를 먹는다.”『백호통(白虎通)』 50~ 100년에 한 번 열린다는 죽실은 연실(練實)이라는 다른 이름도 있어 위의 인용문 중 “연실이 아니면 먹지 않는다(非練實不食)”에도 통한다.

惠子相梁, 莊子往見之. 或謂惠子曰:「莊子來, 欲代子相. 」於是惠子恐, 搜於國中三日三夜. 莊子往見之, 曰:「南方有鳥, 其名為鵷鶵, 子知之乎? 夫鵷鶵發於南海而飛於北海, 非梧桐不止, 非練實不食, 非醴泉不飲. 於是鴟得腐鼠, 鵷鶵過之, 仰而視之曰:『嚇!』今子欲以子之梁國而嚇我邪?」『莊子』「秋水」

장자는 작은 이익에 눈이 멀어 마음이 큰 장자를 멀리한 혜자에게 봉황과 올빼미의 비유를 들었다. 어떠한 태도로 살아갈 것인가, 우리는 적어도 선택할 수 있다.

'큰 앎(大知)'는 한가하고 너그럽지만 '자그마한 앎(小知)'는 사소한 일이나 또박또박 따지며, 대언(大言)은 담담하여 시비(是非)에 구애받지 않지만 소언(小言)은 수다스럽기만 하다.

인간은 잠들어서도 꿈을 꾸어 마음이 쉴 사이가 없고, 깨어나서는 신체가 외계(外界)의 욕망을 받아들여 사물과 접촉해서 분쟁을 일으켜 날마다 마음속에서 싸운다. 어떤 경우는 너그럽게 어떤 경우는 심각하게 어떤 경우는 세밀하게 마음을 써서 급기야 깜짝깜짝 놀라는 두려움증이거나 생기를 잃는 불안증으로 변한다.

시비를 가릴 때의 모질기란 활을 당겼다 세차게 쏘는 것 같고, 그들이 승리를 고수하려고 부리는 끈덕진 고집이란 맹세(盟誓)를 지키는 사람과 같고, 외물(外物)과의 싸움으로 기운이 쇠약해지는 것은 가을 겨울에 초목이 말라 시듦과 같다. 일단 세속적 탐욕에 빠져버리면 돌이킬 수 없다. 늙어서도 욕심이 넘침은 꼭 마음을 봉한 것 같으니 이미 죽음에 가까워진 마음인지라 다시 소생(蘇生)시킬 수가 없다.

大知閑閑, 小知閒閒., 大言炎炎, 小言詹詹. 其寐也魂交, 其覺也形開, 與接爲構, 日以心鬪. 縵者, 窖者, 密者. 小恐惴惴, 大恐縵縵. 其發若機栝, 其司是非之謂也.,其留如詛盟. 其守勝之謂也., 其殺若秋冬, 以言其日消也., 其溺之所爲之, 不可使復之也., 其厭也緘, 以言其老洫也., 近死之心, 莫使復陽也.

『莊子』「濟物論」

공자(孔子)와 봉새:

공자 가로되 "봉새도 날아오지 않고 황하에 용마의 그림도 떠오르지 않으니 나는 이제 그만이구나."

子曰: "鳳鳥不至, 河不出圖, 吾已矣夫."『論語』「子罕」

세상의 덕이 너무 쇠퇴하여 공자 자신이 사람들에게 가르침을 펼칠 때가 아님을 한탄하고 있다. 중국 순(舜)임금 때, 문왕(文王) 때 봉황이 출현했고 복희(伏羲)의 때 황하에서 용마가 하도(河圖)를 등에 지고 떠올랐다는 전설이 있다. 이것은 성군(聖君)이 어진 정치를 베풀 때 나타나는 현상이라고 한다. 『논어』와 유사한 일화가 『장자』 안에도 보인다:

공자가 초나라에 갔을 때의 일이다. 접여가 미치광이 행세를 하며 공자의 숙소 앞에서 노래를 불렀다.

봉새야, 봉새야, 세상의 덕이 약해졌으니 어찌할꼬!

앞날은 기대할 수 없고 지난날은 좇을 수가 없다.

천하에 도가 성하면 성인은 뜻을 이루지만

천하에 도가 없으면 성인은 은거할밖에.

지금 세상은 형벌을 피하는 게 고작일 뿐

행복이 깃털보다 가벼우니 담기 힘들고

재앙이 대지에 붙어있으니 피하기 힘들다.

그만하자, 도덕으로 세상에 임하는 걸 그만하자.

위험하구나, 땅에 금을 긋고 그 안에서 헤매는 짓은.

가시나무여, 내 가는 길을 막지 말아라.

나는 이리저리 피해갈 터이니 내 발에 상처를 내지 말아라.

孔子適楚, 楚狂接輿遊其門曰:

「鳳兮鳳兮, 何如德之衰也!

來世不可待, 往世不可追也.

天下有道, 聖人成焉.,

天下無道, 聖人生焉.

方今之時, 僅免刑焉.

福輕乎羽, 莫之知載., 禍重乎地, 莫之知避.

已乎已乎, 臨人以德!

殆乎殆乎, 畫地而趨!

迷陽迷陽, 無傷吾行! 吾行郤曲, 無傷吾足!」『莊子』「人間世」

접여의 노랫말엔, 공자에게 그 옛날 좋은 세상을 다시 만들고자 하는 큰뜻도 좋지만 지금은 지금이다. 과거에 연연하지 말라는 충고의 뜻이 가득하다. 이상(理想)을 추구한다 하여 과거를 좇지 마라. 네가 살고 있는 현재를 보아라.

과거는 이미 지나갔다.

미래는 아직 오지 않았다.

현재라는 이 순간에 집중하라.

우리의 경우도 예외가 아니다. 자칫 무엇인가에 빠져들어서 지금이라는 '순간(瞬間)의 실재(實在)'를 아무렇게나 흘려보내선 안 된다.

어쨌든 공자가 성군의 태평성대를 그리워하며 언급한 봉새가 후대에 이르러선 공자의 덕을 상징하는 대표적 표현이 되었다.

"공자는 인간의 걸출이요, 봉새는 새의 왕이로다.

이름은 다를지언정 그 덕은 비슷하다."

- 고려 문인 김부식(金富軾)의

「중니봉부(仲尼鳳賦)」에서

-3부-

내면의 우주

옛사람들의 우주관을 주흥사(周興嗣)의 『천자문』[19]에서 엿본다:

"천지현황, 우주홍황(天地玄黃, 宇宙洪荒)",
"일월영측, 진수열장(日月盈昃, 辰宿列張)".

『천 개의 무늬 · 염문천자문』[20]을 참고하면, 이러한 우주관은 『주역(周易)』이 단서가 된다고 한다.

"천현이지황(天玄而地黃)"
『周易 · 坤卦 · 文言傳』

위의 글귀를 『천자문』 안의 **"용전우야, 기혈현황(龍戰于野,其血玄黃)"**와 연결지으면 신화시대 의 영상이 펼쳐진다. "곤괘"라 함은 즉, 음양(陰陽)의 원리로 푸는 주역의 세계관에서 모든 것이 음(陰)으로 변하여 양(陽)은 하나도 없는 경우다. 양(陽)이 하나도 남지 않은 것에 화가 난 "용들이 거친 들판에서 싸운다. 용들이 싸우며 흘린 피가 검고 '누렇다(玄黃)'". 이 검고 누런 것이 세상에 가득 퍼져서 나누어지니 하늘은 검은빛을 땅은 누런빛을 띠게 되었다고. — 태고(太古)의 웅장함이 압도적인 스크린.

---

19) 중국 남조 양나라 때 주흥사(周興嗣, 470?-521)가 양무제의 명을 받고 지은 책이다. 서로 다른 1,000개의 한자를 사용, 4자 1구로 250구로 완결한 문장으로 4자 대구의 구절마다 압운이 있고, 시어가 아름다운 데다 그 의미 속에 각 방면의 지식과 이야기가 담겨 있다. 한자라는 문자의 기초 학습서로서 최고

20) 염정삼 · 문준혜 · 신주리 『천 개의 무늬 · 염문천자문』 제1권, 서울; 재희의 서재, 2023년.

이어서 『천자문』에 나온 우주란 낱말을 보자.

"우주홍황(宇宙洪荒)"에서 '우(宇)'와 '주(宙)' 두 한자는 모두 집이라는 의미 성분을 갖고 있다. 집이라고 했을 때 우주란 우선 만물을 아우르고 있는 대공간일 것이다. 사실, "우주(宇宙)"라는 용어는 『장자』「제물론(齊物論)」에 나온다. 그 주석을 참조하면 "하늘과 땅 사방을 우(宇)라 하고, 지나간 시간과 다가올 시간, 옛날과 현재를 주(宙)라 한다"고.

장자의 우주는 즉 도의 세계이며, 생과 사에 별스런 구별도 없고 성인과 범인의 차별도 없는, 만물이 상호포용 관계로 존재하는 드넓은 시공간이다. 장자는 이렇게 한없는 포용력을 지닌 "우주"를 말하면서 그 우주 안에서 가장 소중한 것은 다름 아닌 우리들 각자의 생명이라고 했다.

수후지주(隨侯之珠):

"어떤 사람이 수후의 구슬을 탄환 삼아 참새를 잡으려고 한다. 그걸 보고 사람들이 모두 한 소리씩 하는데, 저 구슬은 세상의 보물이라는 수후지주(隨侯之珠)가 아닌가. 그런 보물을 써서 참새를 잡다니! 땅에 떨어져 구슬이 깨지면 가치가 날아갈 텐데..."

> 今且有人于此，以隨侯之珠，彈千仞之雀，世必笑之，何也？則其所用者重，而所要者輕也。"『莊子』「讓王」

미물인 참새도 생명이다. 생명보다 더 귀한 게 어디 있단 말이냐?

아무리 귀한 보석이라 해도 생명에 비하면 아무것도 아니라는 장자의 주장이다.

"주칭야광(珠稱夜光)".

『천자문』에서 세상에 이름난 주옥으로 "야광" 즉, 야명주(夜明珠)를 꼽는다고 했다. 야광이란 어두운 곳에서도 빛나는 진기한 보옥인데, 여기서 '야광'이라는 건 "수후의 진주(隨侯之珠)"를 말한다고 한다. 바로 『장자』에 나온 그 수후의 진주인 것이다.

춘추시대의 '수후'(隨侯,수나라의 군주)는 어느날 자신의 궁전에서 곤경에 신음하는 큰 뱀을 구해준 일이 있다. 알고 보니 그 뱀은 용의 아들이었다. 양자강에 나갔던 수후에게 용의 아들은 은혜를 갚는 뜻으로 구슬을 바쳤는데, 사람들은 그 구슬을 "수후의 구슬"이라 불렀다. 훗날 수나라가 나라를 보전하기 위해 이 구슬을 초(楚)나라에 바치니, 초왕(楚王)이 기뻐하여 몇 대가 지나도록 수나라를 공격하지 않았다. 이렇게 일국(一國)을 구한 구슬이어서 화씨지벽(和氏之璧)에 맞먹는 구슬로 알려졌다.

화씨지벽(和氏之璧):

진기한 구슬은 사람의 마음을 홀린다. 놓아주지 않는다.

그러나 옥의 원석은 일반적으로 큰 바위 덩이 안에 있어, 원석인지 아닌지 구별부터가 어렵다고 한다. 설혹 내 눈이 밝아 원석임을 확신해도 혼자만의 주장이 통하지 않을 때, 진짜 땅을 치고 가슴을 치며 통곡하게 될 것이다. 마치 초나라의 화씨라는 사내처럼.

화씨는 이른바 초야에 묻혀 살던 이름 없는 백성이었다. 이를테면 제왕의 권력과 너무나 거리가 멀었던 신분이었다. 그런 그가 천하의 옥석을 얻고서 제왕에게 바칠 생각을 한다. 모두 알다시피 옛날엔 인간에게 이익을 주는 땅에서 나는 자원들 중 대표적인 것이 금속이며 주옥(珠玉)이다. 금속으로 만든 명검과 옥으로 만든 장식은 최고의 통치자인 제왕의 권력을 상징하기도 하였다.

"뛰어난 옥을 발견했으니 임금님에게 갖다 바치자!"

순박한 백성이라면 누구라도 같은 맘이었을 것이다.

화씨는 진지한 사람이었다. 자신의 안목을 믿었기에 주저함이 없었다.

그러나 결과는?

왕은 거짓으로 속인다 의심하여서 두 발을 잘랐다.

왕이 바뀌어도 다시 양발의 뒤꿈치가 잘린다.

그는 피눈물을 흘렸다.

나중에 그의 억울함이 상소되어 결국 벽옥의 진가를 인정받는데…, 나중엔 너무 유명해져서 이웃나라에서 15곳의 성(城)과 교환하자고까지 한다. 우여곡절 끝에 진나라의 소유가 되어 진시황이 이 벽옥을 깎아 전국옥새(傳國玉璽)를 만들었다. 이후 역대 제왕들은 어떻게든 그것을 손에 넣기 위해 애를 썼는데 그 구슬로서 자신의 정통성을 보증받을 수 있다고 믿었기 때문이다. 이러한 역사가 있기에 사람들은 화씨의 벽옥(璧玉)을 일컬어 그 가치를 매길 수 없다 하여 무가지보(無價之寶)라 하였다.

01

바람 소리

부디 그 도리를 말해달라고 자유(子游)가 청하자 자기(子綦)가 답하였다. "대지가 내쉬는 숨을 바람이라 해 보자. 바람이 일지 않으면 그뿐이겠지만 한번 일었다 하면 온갖 구멍에서 소리가 울린다. 멀리서 윙윙거리는 소리는 들어봤지? 깊은 산 높은 봉우리 백 아름이나 되는 큰 나무 의 구멍은 코나 입이나 귀 같기도 하고 옥로(玉櫨)나 술잔 같고 절구도 같고 큰 웅덩이 작은 웅덩이 갖가지 모양을 하고 있지. 거기에 바람이 울리면 콸콸 물 흐르는 소리, 씽씽 화살 나는 소리, 낮게 나무라는 소리, 흐흑 들이키는 소리, 외치는 소리, 울부짖는 소리, 웅웅 울려나오는 소리, 새가 우는 듯 가냘픈 소리 등 갖가지 소리가 나지. 앞선 바람이 휘휘하면 뒤 따르는 바람이 윙윙거리지. 산들바람에는 가벼운 소리가 나고 거센 바람에는 큰 소리가 나지. 그러다 태풍이 멎으면 고요해진다. 너는 나무가 바람에 의해 세차게 흔들리거나 가볍게 살랑살랑 하는 걸 보았겠지. "

子游曰: 「敢問其方.」 子綦曰: 「夫大塊噫氣,其名爲風. 是唯無作, 作則萬竅窺怒呺. 而獨不聞之翏翏乎? 山陵之畏佳, 大木百圍之竅穴, 似鼻,似口, 似耳, 似枅, 似圈, 似臼, 似洼者, 似汚者, 激者, 謞者, 叱者, 吸者, 叫者, 譹者, 宎者, 咬者. 前者唱于而隨者唱喁. 冷風則小和, 飄風則大和,厲風濟則衆竅爲虛. 而獨不見之調調之刁刁乎?」『莊子』「齊物論」

듣는다는 것:

"듣는 것은 단순히 듣는 것이 아니다. 듣는 것은 반응이다."

(Robert Greenleaf)

사람들의 마음을 듣는 천사가 도시를 배회하는 이야기, 「베를린 천사의 시」(1987년 독일) 라는 영화가 있다. 세상의 소리, 마음의 소리, 이 세상 어디서든 누군가의 괴로운 호소에 응하여 나타나는 보살, 『법화경』의 '관세음보살(觀世音菩薩)'이다. 그 이름부터가 '세음(世音)을 관(觀)한다', 상냥한 대자애심으로 세상의 소리를 하나도 놓치지 않고 본다는 뜻이다.

"사람이 퉁소를 불 듯, 땅의 퉁소 소리는 여러 구멍들이 내는 소리군요. 하늘의 소리에 대해 서도 알려주십시오. " 자유의 질문에 자기가 대답했다. 무수한 각자의 구멍에 우주의 바람이 불어서 제각각의 소리가 나는 거지. 이때 소리 내는 각자는 제가 낸 소리라고 여겼겠지만 과연 정말 그럴까?

子游曰: 「地籟則衆竅是已,人籟則比竹是已. 敢問天籟.」 子綦曰:「夫天籟者,吹萬不同,而使其自己也,咸其自取,怒者其誰邪!」『莊子』「齊物論」

장자는 묻고 있다. "과연 정말 그럴까?"

모든 것은 파편이었다. 단지 속삭임. 몸에서 올려나오는 숨과 같은 속식임.

물처럼 들어올리는 속삭임, 글이 호흡하는 속삭임. 글을 해체하는 속삭임, 몸 없이 환하고 불완전한 사물과 같은, 하지만 속삭이는 사물인, 혹은 모순되고 파편적인 몸을 가진 소리, 하나의 물방울이 돌 위로 떨어질 때 비로소 풀려나는 광물의 속삭임, 동굴의 한숨인 속삭임, 먼 훗날 어느 날 네가 희고 커다란 다리 위에 서 있을 때, 저녁이고 햇살이 강물 위로 산산이 흩어지는 순간에, 너는 혼자인데, 문득 네 귀에, 네 입에, 네 몸안으로 동시에 덮쳐오는 파도처럼 사납게 속삭이는 여러 겹의 목소리를 들었다고 느끼고,(…) [21]

"듣기는 이해의 시작이다.
지혜는 평생 '듣는 것'에 대한 보상이다." (속담)

21) 배수아 『작별의 순간들』, 파주:문학동네, 2023년. 134쪽.

02

사람의 몸으로 산다는 것

일단 사람의 몸을 받은 이상, 목숨을 해치는 일 없이 수명을 다하자. 주위의 사물에 거역해서 서로 해치고 다투는 데 일생을 다하기엔 세월이 너무 빠르게 지나간다. 슬프지 아니한가. 평생 속 썩고 피폐해져도 보람도 없이 돌아갈 데도 없다. 가여운 일 아닌가. 살아있음이 무슨 소용인가. 몸이 늙으면 마음도 시든다. 얼마나 비극인가. 사람의 생애란 원래 이처럼 어리석은 것인가, 아니면 자기만 어리석고 다른 이는 그렇지 아니한가.

一受其成形, 不化以待盡. 與物相刃相靡, 其行進如馳, 而莫之能止, 不亦悲乎! 終身役役而不見其成功, 苶然疲役而不知其所歸, 可不哀邪! 人謂之不死,奚益! 其形化, 其心與之然, 可不謂大哀乎? 人之生也, 固若是芒乎? 其我獨芒, 而人亦有不芒者乎?『莊子』「齊物論」

천수(天壽)를 누리는 지혜:

하늘로부터 받은 수명을 다 누리는 걸 천수라 한다. 목숨은 너무도 소중하기에 천수를 누림에도 그에 따른 지혜가 있다. 여기 거목(巨木) 한 그루가 있다:

장석이 제(齊)나라에 갈 때 곡원(曲轅)에 이르러 사당(社)에 심어진 상수리나무를 보았는데, 그 크기는 수천 마리의 소를 그늘에 가릴 수 있고, 둘레를 헤아려 보면 백 아름이나 되며, 높이는 산을 내려다 볼 정도여서 땅에서 열 길을 올라간 뒤에 비로소 가지가 뻗어 있었으며, 배를 만들 수 있는 것이 거의 수십 척에 달할 정도였다.

나무를 구경하는 사람들이 마치 저잣거리처럼 많이 몰려와 있었는데 장석은 돌아보지도 않고 그대로 길을 가서 걸음을 멈추지 않았다.

장석의 제자는 실컷 그 나무를 보고서 장석에게 황급히 달려가 이렇게 말했다.

"제가 도끼를 잡고 선생님을 따라다닌 이래로 재목이 이토록 아름다운 나무는 아직 보지 못했습니다. 그런데도 선생님께서는 보려 하지도 않으시고 걸음을 멈추지 않고 떠나가시는 것은 무엇 때문입니까?"

장석은 이렇게 대답했다.

"그만둬라. 그 나무에 대해 말하지 말아라. 쓸모없는 잡목(雜木)이다. 배를 만들면 가라앉고, 관(棺)이나 곽(槨)을 만들면 빨리 썩고, 그릇을 만들면 빨리 부서지고, 대문이나 방문을 만들면 나무 진액이 흘러 나오고, 기둥을 만들면 좀벌레가 생기니 이 나무는 쓸모없는 나무이다. 쓸 만한 데가 없는지라 그 때문에 이와 같은 장수를 누릴 수 있었던 것이다."

장석이 돌아왔는데 사당의 상수리나무가 꿈속에 나타나 이렇게 말했다.

"그대는 무엇에다 나를 비교하려 하는가? 그대는 나를 문목(文木,쓸모 있는 나무)에 비교하려 하는가? 아가위나무, 배나무, 귤나무, 유자나무는 나무 열매와 풀 열매 따위의 과실이 익으면 사람들에게 뜯기고, 욕을 당하게 되어서, 큰 가지는 꺾이고 작은 가지는 찢기니, 이것은 그 잘난 쓸모로 하여 자신의 삶을 해치는 것이다. 그렇게 세속의 사람들에게 괴롭힘을 받아 그 때문에 천수(天壽)를 마치지 못하고 도중에 요절(夭折)하니, 모든 사물이 이와 같지 않음이 없다." "그런고로 나는 쓸모없기를 추구해 온 지 오래되었는데, 거의 죽을 뻔한 위기도 넘기고 이제야 그것을 얻었으니, 이것이 나의 큰 쓸모이다. 가령 내가 만약 쓸모가 있었더라면 이처럼 큰 나무가 될 수 있었겠는가? 또한 그대와 나는 모두 사물(事物)인 터에, 어찌 상대방을 있는 그대로 사물(事物)로 대할 수 있겠는가? 그대도 거의 죽어가는 쓸모없는 사람이니 어찌 쓸모없는 나무를 알 수 있겠는가?"

장석이 꿈에서 깨어나 그 꿈의 길흉(吉凶)을 점치자 제자가 이렇게 말했다.

"스스로의 뜻이 쓸모없음을 취하는 데 있었다면 하필 사당의 신목(神木)이 된 것은 무슨 까닭일까요?"

장석이 이렇게 대답했다.

"쉿! 너는 아무 말도 하지 마라. 저 상수리나무는 다만 몸을 사당에 기탁했을 따름이다. 저 나무한테는 네가 하는 말이 자기를 알아주지 않는 자의 욕지거리 정도일 것이다. 사당의 신목이 되지 않았다 한들 어찌 잘림이 있었을 것이겠는가. 또한 저 상수리나무는 마음에 뜻한 바가 보통 사람들과는 다른데 세속의 도리를 기준으로 평가할 수 있겠는가."

匠石之齊, 至於曲轅, 見櫟社樹. 其大蔽數千牛, 絜之百圍, 其高臨山, 十仞而後有枝其可以爲舟者旁十數. 觀者如市, 匠伯不顧, 遂行不輟. 弟子厭觀之, 走及匠石, 曰: 「自吾執斧斤以隨夫子, 未嘗見材如此其美也. 先生不肯視, 行不輟, 何邪?」 曰: 「已矣, 勿言之矣! 散木也, 以爲舟則沈, 以爲棺槨則速腐, 以爲器則速毁, 以爲門戶則液樠, 以爲柱則蠹. 是不材之木也, 無所可用, 故能若是之壽.」 匠石歸, 櫟社見夢曰: 「女將惡乎比予哉? 若將比予於文木邪? 夫柤梨橘柚, 果蓏之屬, 實熟則剝, 剝則辱., 大枝折, 小枝泄. 此以其能苦其生者也, 故不終其天年而中道夭, 自掊擊於世俗者也. 物莫不若是. 且予求無所可用久矣,幾死, 乃今得之, 爲予大用. 使予也而有用, 且得有此大也邪? 且也若與予也皆物也, 奈何哉其相物也? 而幾死之散人, 又惡知散木!」 匠石覺而診其夢.

弟子曰: 「趣取無用, 則爲社何邪?」 曰: 「密! 若無言! 彼亦直寄焉, 以爲不知己者詬厲也. 不爲社者, 且幾有翦乎! 且也彼其所保與衆異, 而以義喩之, 不亦遠乎!」 『莊子』「人間世」

죽음을 어떻게 볼 것인가:

천수(天壽)를 추구한다 해서 죽음을 외면한다는 건 아니다.

장자는 태어남(生)이 기쁜 것이면 죽음(死)도 기쁜 것이라고 했다. "필멸(必滅)의 존재", 무릇 생명은 죽음을 피할 수 없다. 다만 우리의 고질병은 산다는 걸 좋아하고 죽는다는 걸 극도로 혐오한다.

죽음이 뭘 어쨌길래?

죽음이 어떤 것인지 싫어하는 게 맞는지 그 진정한 이유를 명확히 아는 사람이 있을까.

『소크라테스의 변명』[22]에서 소크라테스(Socrates, B.C.470경-B.C.399)는 이렇게 말했다:

> "(…) 하여간 죽음을 두려워하는 것은 지혜가 없으면서 있다고 생각하고 있기 때문입니다. 즉 죽음을 알지 못하면서 알고 있다고 생각하고 있기 때문입니다.
> 죽음이란 어떤 면에서 사람들에게 가장 큰 선(善)일지도 모릅니다.
> 그런데 그것을 죄악 가운데서 가장 큰 것이라고 믿고 있는 듯이 무서워합니다. 알지 못하면서 알고 있는 듯이 생각하는 것은
> 가장 비난을 받아 마땅한 무지(無知) 아니겠습니까?(…)" [23]

---

22) 『소크라테스의 변명』은 플라톤의 기록으로, 스승 소크라테스가 신을 믿지 않는다는 불경죄로 기소되어 사형 판정을 당하는 법정에서 스스로를 변론하는 내용으로 소크라테스의 사상과 도덕적 신념을 엿볼 수 있는 책이다. 그는 사사로이 간청하여 사형을 면제받고자 하지 않았던 터라 변론을 통해서 철학자인 그가 평소 삶과 죽음을 어떻게 생각해왔는지를 명확히 드러냈다.

23) 플라톤 (Platon) · 최현 譯『소크라테스의 변명』, 서울:범우사, 2003년, 78쪽.

유한한 것으로 무한한 것을 헤아릴 수 없다. 마찬가지로 살아있는 육신의 틀안에서 그 감각과 생각에 취한 채로는 죽음이란 것을 알 리 없다. 그래서 소크라테스는 "무지(無知)함을 아는 것"이 지혜임을 역설했고 장자는 "참지(眞知)"가 중요하다고 말했다.

(설결이 왕예에게) 네 번 물었으나 네 번 다 모른다고 말했다.

四問而四不知.

『莊子』「應帝王」

설결이 깨달은 바는 "부지(不知)가 "진지(眞知)"라는 것. 소크라테스와 동일하다.

진인이 있어야만 '참된 지(眞知)'가 가능하다. 진인이란 어떠한 사람을 말하는가. 그 옛날 진인은 역경을 하찮것없이 여기지 않았고 성공을 크게 자랑하지 않았으며 좋고 싫음으로 일에 간섭하려 하지 않았다. 이러한 사람은 결과에 후회도 자만도 없다. 높은 암벽 위에서도 두려움 없고, 물속에서도 젖지 않고 불길에도 타지 않는다. 이것은 그의 '참된 지'가 자연의 도리에 도달했기 때문이다.

且有眞人而後有眞知. 何謂眞人? 古之眞人, 不逆寡, 不雄成, 不謨士. 若然者, 過而弗悔, 當而不自得也., 若然者, 登高不慄, 入水不濡, 入火不熱. 是知之能登假於道者也若此.『莊子』「大宗師」

03

도라는 원의 중심

이것이 저것이고 저것이 이것이다. 이것이냐 아니냐는 어디에도 물을 수 있다. 과연 저것과 이것이 있다는 말인가 없다는 말인가? 그러한 대립에 대한 집착을 초월한 경지, 이를 '도추(道樞)'라고 한다. 도추란 도라는 원의 축에 해당하므로 이 세상의 끝없이 어지러운 변전(變轉)에 대처할 수가 있다. 크게 보면 '이다', '아니다' 역시 각각 끊임없이 변화하며 굴러가는 것을 어느 한 단면에 꽂혀 시비를 따지는 것은 밝은 지혜가 아니리라.

是亦彼也, 彼亦是也. 彼亦一是非, 此亦一是非. 果且有彼是乎哉? 果且无彼是乎哉? 彼是莫得其偶, 謂之道樞. 樞始得其環中, 以應无窮. 是亦一无窮, 非亦一无窮也. 故曰莫若以明.『莊子』「齊物論」

우주를 꿰뚫는 조화와 질서:

우주 비행사들은 하나같이 우주를 비행한 경험으로 하여 우주의 질서에 대하여 깊이 사색하게 되었다고 말한다.

"나는 우주에서 '무언가'를 보았다. 그것은 지구적 언어로는 표현할 수 없는 것이다. 그 우주의 거대한 개념을 이해하려면 인간의 마음도 그만큼 커지지 않으면 안 된다."

– 도날드 슬레이튼(Donald Slayton)

"우주를 경험하고 자연히 우주에는 엄연한 질서가 있음을 알게 되었다. 결코 하늘의 신이 있어서 실을 끌어당기듯 사물을 일으키는 것이 아니다."

– 제널드 카(Gerald Carr)

"우리의 세계에는 다차원적인 에너지가 존재하고 있지만 그것은 통일성과 질서를 갖고 있습니다. 이것은 열역학(熱力學)" 등의 측면에서도 설명할 수 있습니다. 그러한 점에서도 저는 우주는 항상 질서를 지향하는 존재하는 결론에 이르렀습니다."(…) "제 개인적인 생각입니다만, 우주는 거대한 에너지를 갖고 때로는 폭발하는 일이 있어도 그 본질은 항상 조화와 균형을 지향하는 존재다. 그런 의미에서 지구라고 하는 혹성과 그곳에 생식하는 인류도 마찬가지로 조화와 질서에 따르는 존재다." [24]

이 우주를 관통하는 조화와 질서를 불법(佛法) 용어로 대체하면 '연기(緣起)'라고 할 수 있다. 불법'연기(緣起)'란, 인간계든 자연계든 단독으로 일어나는 현상은 아무것도 없으며 만물이 서로 관계를 맺고 서로 의존하면서 하나의 코스모스(*조화를 이룬 우주계)를 형성하고 있는 도리를 말한다.

---

24) 이케다 다이사쿠 · 알렉산드로 세레브로프 · 화광신문사 譯『우주와 지구와 인간』, 서울: 조선뉴스프레스, 2010년, 165-166쪽.

"무수한 인연으로 서로 연결된 세계는 우리 생명에 투영되고 있다. 동시에 우리 생명은 그 깊은 내면에서 무한한 파동성을 지니고 있다. 즉 생명은 우주대의 넓이를 갖고 있다."[25]

대승불교(大乘佛教) 재가단체(在家團體)인 창가학회 3대 회장 이케다 박사는 이것을 "우주즉아(宇宙卽我)""아즉우주(我卽宇宙)"라고 압축 표현했다.

장자의 우주관을 우리 현실에 적용하기 위하여, 우리는 불법의 '연기'에서 심화된 개념인 '의정불이(依正不二)'에 주목할 필요가 있다.

'의정불이'의 원리는 생명 주체 (正)와 그 주위 환경(依)이 분리될 수 없다는 것을 의미한다. 불이 (不二)는 '둘이나 둘이 아님', 즉 한몸임을 뜻한다. "자신과 환경이 하나이다", 비록 우리를 둘러싸고 있는 것들을 우리 자신과 관계없고 분리된 타자(他者)로 여겨지더라도 진실은 서로 연결된 한몸이다. 핵심은 우리 자신의 생명 안에 환경조차도 바꾸는 잠재력이 있다는 것이다. (비록 그 점이 밝혀지지 않아 모호한 감을 주지만) 바로 여기에 그 혼란한 시절 장자가 사람들에게 '도(道)'라는 이름으로 무한한 우주에 눈을 돌리자고 역설한 뜻이 있다고 생각된다.

"오직 통달한 사람이라야만 통(通)해서 하나가 됨을 안다."

---

25) 이케다 다이사쿠 · 알렉산드로 세레브로프 · 화광신문사 譯『우주와 지구와 인간』, 서울:조선뉴스프레스, 2010년, 166쪽.

唯達者知通爲一『莊子』「齊物論」

장자는 만물제동(萬物齊同)이라 하였다. 대우주적 긍정주의는 무엇을 대함에도 시비(是非)도 대립도 없다.

우주만물은 이것인가 하면 저것이고 저것인가 하면 이것이다. 그러므로 이것이 있으므로 저것이 있고 저것이 있으므로 이것이 생겨났다고 말한다. 나란히 함께 생겨남을 '방생지설(方生之說)'이라고 한다. 삶이 있으면 반드시 죽음이 있고, 죽음이 있으면 반드시 삶이 있다. 또한 가능함이 있으면 불가능함이 있다. 옳다는 그르다에 기대어 있고, 그르다는 옳다에 기대어 있다. 성인은 이러한 상대적 이원론에 좌우되지 않고, 모든 것을 절대적인 대우주적 긍정관으로 바라본다.

物无非彼, 物无非是. 自彼則不見, 自是則知之. 故曰彼出於是, 是亦因彼.彼是方生之說也, 雖然, 方生方死, 方死方生., 方可方不可. 因是因非, 因非因是. 是以聖人不由, 而照之於天, 亦因是也.『莊子』「齊物論」

모든 물(物)은 진실로 그러한 바가 있으며 모든 물(物)은 가(可)한 바가 있으니 어떤 물(物)이든 그렇지 않는 바가 없으며 어떤 물(物)이든 가(可)하지 않는 바가 없다. 그 때문에 이를 위해서 풀줄기[弱]와 큰기둥[强], 문둥이[醜]와 서시(西施)[美]를 들어서 세상의 온갖 이상한 것들에 이르기까지 도(道)는 통(通)해서 일체(하나)가 되게 한다."

物固有所然, 物固有所可. 無物不然, 無物不可. 故爲是擧莛與楹, 厲與西施, 恢
**[忄+危]憰怪, 道通爲一.『莊子』「齊物論」

04

아직 가명(假名)인 도(道)

큰 도(道)는 일컬어지지 아니하고, 큰 말은 말하지 아니하며, 크게 어진 행위는 어질지 아니하며, 크게 깨끗한 행위는 겸손한 체 아니하며, 큰 용맹은 사납게 굴지 않는다.

도가 밝게 드러나면 도답지 않게 되고, 말이 분명하면 미치지 못하고, 인(仁)이 일정하면 이루어지지 아니하고, 깨끗함이 분명하게 드러나면 사람들이 믿지 아니하고, 용맹스러움이 사나워지면 이루어지지 않게 된다. 이 다섯 가지는 둥글고자 하면서도 도리어 모난 데로 나아가는 것에 가깝다. 그 때문에 지혜가 알지 못하는 바에 도달해서 멈추면 지극하다. 누가 말 없는 말과 도(道)라 하지 않는 도를 아는가?

만일 이것을 안다면 그 지혜는 하늘의 창고라고 일컬을 것이니 아무리 부어도 가득 차지 않으며, 아무리 퍼내도 마르지 않을 것이다. 그러나 그 유래를 알지 못한다. 이를 일컬어 밝은 빛을 안으로 감춘다고 한다.

夫大道不稱, 大辯不言, 大仁不仁, 大廉不嗛, 大勇不忮. 道昭而不道, 言辯而不及, 仁常而不周, 廉淸而不信, 勇忮而不成. 五者園而幾向方矣. 故知止其所不知, 至矣. 孰知不言之辯, 不道之道? 若有能知, 此之謂天府. 注焉而不滿, 酌焉而不竭, 而不知其所由來, 此之謂葆光.『莊子』「齊物論」

"큰 도에는 이름이 없다(大道不稱)."

'도(道)'라는 글자 한 자에 응집된 뜻. 어디까지나 따르고 싶지만 현실의 두려움과 시비호오(是非好惡)에 우왕좌왕 하다 보면, 도란 대체 무엇인가…, 어느새 길을 잃는다. 우리가 노자, 그리고 장자에 끌리면서도 그 끝이 묘연하여 돌아서는 이유도 여기에 있을 것이다.

05

우주를 겨드랑이에 낀 사람

구작자(瞿鵲子)가 장오자(長梧子)에게 물었다. "저의 선생님 공구(*공자)에게 들은 것입니다만, 성인은 세상 일에 일부러 애쓰지 않고 이익도 좇지 않는다. 해를 피하고자 하지 않고, 간절히 바라지도 않으며 도에 목매지도 않는다. 말을 안 하는 속에 말하고 말을 하는 속에 침묵하며 현실세계의 밖에서 유유히 산다는데요. 공구 선생님은 허튼 소리로 여기시지만 제게는 도행(道行)의 삶으로 여겨집니다. "
장오자는 대답했다. "황제(*헌원씨)도 잘 모르는 일을 공구가 어찌 알리요? 또 당신의 그 생각은 너무 앞질러 갔소. 마치 달걀이 새벽에 울길 바라고 탄알을 보면서 새구이에 입맛 다시는 것과 같소. 말 나온 김에 나도 당신한테 허튼 소리 하나 할까요. 해와 달과 어깨를 나란히 하고 우주(宇宙)를 겨드랑이에 낀 채, 만물과 꼭 붙어 하나가 되어 모든 것을 혼돈(混沌) 그 자체로 놓아두고 귀천의 구별도 없소. 애써 수고하는 사람들 눈에 성인은 우둔하고 멍한 것이 세월 속에 세상의 온갖 것에 뒤섞인 채 본연의 순수함은 한결같다오. 만물은 본래 그대로인데, 성인은 그 만물과 서로 감싸고 있지요."

瞿鵲子問乎長梧子曰: 「吾聞諸夫子:『聖人不從事於務, 不就利, 不違害, 不喜求, 不緣道., 无謂有謂, 有謂无謂, 而遊乎塵垢之外.』夫子以爲孟浪之言, 而我以爲妙道之行. 吾子以爲奚若?」 長梧子曰: 「是皇帝之所聽熒也, 而丘也何足以知之! 且汝亦大早計, 見卵而求時夜, 見彈而求鴞炙. 「予嘗爲女妄言之. 女以妄聽之奚? 旁日月, 挾宇宙, 爲其脗合, 置其滑涽, 以隸相尊. 衆人役役, 聖人愚芚, 參萬歲而一成純. 萬物盡然, 而以是相蘊.『莊子』「齊物論」

우주와 인간:

『천자문』의 첫 글자는 "하늘 천(天)" 자이다. "天" 이라는 한자는 머리와 몸체와 팔다리를 갖춘 사람 위에 하늘이 있는 모양을 본뜬 모양이라고 한다. 글자 하나로 사람이 하늘 아래 땅 위에 존재함을 나타내니 그 여백이 곧 드넓은 우주의 시공간이리라. 그러함에도 사람들은 예나 지금이나 겁핍과 불안에 쫓기고 있다. 장자는, 그러지 말고 우리의 마음경애를 "우주대의 크기"로 늘리자고 제안한다. 인간은 이러한 우주 안에서 얼마든지 소요할 수 있는 삶을 창조할 수 있다고 생각한 게, 장자의 우주관이자 인간관이고 그것이 바로 장자의 생명관인 듯하다.

러시아 문호 똘스또이(Leo Tolstoy, 1828-1910)는 인생탐구를 통해 인간 내면 깊숙이 우주적 자아가 있음을 발견했다.

"인간은 자기자신을 육체적 존재로도 영적 존재로도 인식할 수 있다. 자기 자신을 육체적 존재로 인식하면 인간은 자유로울 수 없다. 그러나 영적 존재에게는 자유롭지 못하다는 것은 전혀 문제가 되지 않는다." 26

26) 똘스또이(Leo Tolstoy)저 · 채수동 · 고산 역『인생이란 무엇인가』, 서울:동서문화사, 2009년, 393쪽

"자신의 내면으로 깊이 들어가면, 우리는 거기서 초인간적인 무언가를 의식하게 된다."[27]

불법에서는 '개개의 생명'(小我)과 대우주는 각각 두 개의 실재(實在)로 보이나 그 심층에서는 혼연일체라고 한다. 보통 우리가 말하는 자아는 '이기주의를 통제하지 못한 편협한 자신'이다 이를 '소아(小我)'라고 한다. 이에 비해 '대아(大我)'란 시간적으로도 공간적으로도 무한하게 인과를 다스리는 우주 생명에 융합해가는 커다란 '아(我)'를 가리킨다. 즉 열린 자아이다. 그런데 이 둘은 하나이다. 즉 대우주와 소우주인 '아(我)'는 둘이면서 둘이 아닌 하나인 것이다. 이를 불법 용어로 '우주즉아(宇宙卽我)' 또는 '아즉우주(我卽宇宙)'라고 한다.

"우주는 나를 생각할 수 없어도
나는 우주를 생각할 수 있기 때문에 나는 우주보다 위대하다."
- 파스칼(Blaise Pascal, 1623-1662)

27) 위의 책, 346쪽

06

기꺼이 돌려보내기

장자가 바야흐로 죽으려 할 때, 제자들이 후하게 장사지내고자 했다. 그런 제자들에게 장자가 말했다. "나는 천지를 널로 삼고 해와 달을 한쌍의 옥으로 별들도 구슬로 삼아 천지만물을 내게 주는 선물이라 여기고 있다. 이렇게나 잘 갖춰진 터에 무엇을 덧붙인단 말이냐?" 제자가 나서서 "그냥 두면 까마귀나 소리개가 선생님을 먹을까 걱정입니다. "그 말에 장자는, "땅위에 두면 까마귀나 소리개의 먹이가 되고 땅밑에 두면 땅강아지나 개미 밥이 된다. 한쪽에서 빼앗아 다른 쪽에 주겠다니 그 또한 편견이다. 인지(人知)라는 불공평한 잣대로 공정하게 하겠다고 나서니 공평해질 리 없다. 인지로써 사물에 응하는 이상 그 감응(感應)이 참될 리 없다. 명지(明知, 人知)의 사람은 외물(外物)에 사역되는 자이고, 신지(神知)의 사람이야말로 감응하여 움직이는 자이다. 예부터 명지는 신지에 미치지 못하는데도 어리석은 자는 자신의 견해를 믿고 인간사에 빠져 있구나. 그 공적은 다만 외물에 있고 자기의 본성에는 아무 도움도 못 주니 슬픈 일이로다. "

莊子將死, 弟子欲厚葬之. 莊子曰: 「吾以天地爲棺槨, 以日月爲連璧, 星辰爲珠璣, 萬物爲齎送. 吾葬具豈不備邪? 何以加此!」 弟子曰: 「吾恐烏鳶之食夫子也.」 莊子曰: 「在上爲烏鳶食, 在下爲螻蟻食, 奪彼與此, 何其偏也!」 以不平平, 其平也不平., 以不徵徵, 其徵也不徵. 明者唯爲之使, 神者徵之. 夫明之不勝神也久矣, 而愚者恃其所見入於人, 其功外也, 不亦悲乎! 『莊子』「列禦寇」

달님이 들려준 이야기:

안데르센(Hans Christian Andersen)가 쓴 『그림 없는 그림책』에는 서른세 편의 달님의 이야기가 실려 있다. 지붕끝 다락방에 사는 가난한 청년 화가에게 들려주는 이야기다. 그중 한 편을 소개하고 싶다.

"나는 그 노처녀를 알지요."

달님은 밤하늘만 맑게 비추는 게 아니다. 달빛 아래 숨쉬고 있는 지상의 생명들을 지켜보는 것이다. 그들의 희로애락(喜怒哀樂)을, 한숨과 미소를 모두 기억하는 것이다.

그래서 달님은 "그녀(She)"를 안다.

판에 박은 듯 푸른 색이나 회색 옷을 입는, 겨울이면 (오래되었으나 유행을 타지 않아 그나마 새것 같은) 노란 비단 망토를 입고 여름이면 언제나 밀짚모자를 쓰는 한 여성을 안다.

그녀가 하는 외출이라고는 길 건너편에 사는 어릴 적부터의 여자친구를 찾아가는 게 전부였다. 2,3 년 전부터는 그마저도 하지 않았다.

달님이 볼 적마다 그녀는 꽃들이 가득 피어 있는 창가에서 늘상 혼자서조용히 일하고 있었다. 그런데 지난 한 달 동안 창가에 그녀의 모습이 보이지 않았다.

달님은 그녀가 (이미 죽은) 여자친구와 항상 나누던 이야기를 기억하기에 그녀가 아직 살아있다는 것도 안다.

"그래, 만약에 죽는다면…,

나는 이제까지 살아 있는 동안에 한 여행보다도 훨씬 더 멀고 먼 여행을 하게 될 거야. 여기서 약 6마일쯤 떨어진 곳에 우리 집안의 조상 때부터 대대로 묻혀 온 묘지가 있단다.

나도 그곳으로 가서 가족들 사이에 섞여 잠들게 될 거야."

지난 밤, 여자의 집 앞에 마차 한 대가 서고 관 하나가 실렸다. 그녀가 죽은 것이다.

그리고 달님은 보았다.

거적으로 덮인 관을 싣고 마차가 출발한다. 거의 1년 동안 한 걸음도 집밖을 나간 일이 없는 그 조용하기 그지 없는 노처녀의 시신을 싣고 마차는 마치 관광 여행이라도 떠나는 것처럼 바퀴소리도 요란하게 힘차게 시내를 빠져나갔다. 들길로 접어들자 속도가 한결 빨라졌다. 한 해 또 한 해도 날마다 집안에서 이리저리 왔다 갔다만 했던 여인이 비로소 넓고 넓은 들판을 시원하게 달리고 있다. 마부의 채찍질에 젊은 말은 불 같은 성질로 한껏 내달린다. 그 겨를에 거적에 싸인 관이 밭으로 굴러떨어졌다. 그런 줄도 모르고 마부는 말을 몰아 곧장 멀어진다. 밭에 있던 종달새들이 관 주위를 맴돌며 지저귀면서 노래를 불러주었다.

죽은 다음에야 넓은 들판으로 나올 수 있었던 어느 아가씨.

지붕 꼭대기에 사는 가난한 화가가 아니었더라면, 아니, 한스 크리스티안 안데르센이라는 작가가 없었더라면, 이 세상 어딘가에서 고단(孤單)한 일생을 살다간 그녀의 생애를 누가 그려줄까.

그리고 달님의 시선이 아니었더라면,

죽음이란 것이 그녀의 일생에 '대자연의 자유로움'을 선물해 줬음을 우리가 어찌 알았을 것인가.

07

비우면 채워진다

노담(*老子)이 죽었을 때 진일이 문상을 가더니 딱 세 번 곡을 하고 나오는 게 아닌가. 제자가 영문을 몰라 여쭌다. "노자는 선생님의 친한 벗이 아닌가요?" "친했지." 진일이 대답했다."그런데 왜 곡 세 번으로 마치십니까? " 진일이 제자를 앉히고 말했다. "충분하다네. 왜 그런지 말을 해 줌세. 내가 여기 들어올 때 늙은이는 제 자식을 잃은 듯 곡을 하고 있고, 젊은이는 젊은이대로 어버이라도 잃은 듯 울고 있더군. 그래서 나는 노담을 위인이라고 여겨왔던 생각을 바꾸게 되었네. 이렇게 문상객이 모이고 슬픔을 표현하는 것은 그가 시킨 일은 아니겠지. 하지만 그가 생전에 제대로 단절시키지 않아 벌어진 일 아닌가. 생사(生死)가 자연의 도리라는 걸 모른다 함은 하늘로부터 받은 본분을 망각한 것과 같아. 사람이 태어나는 건 태어날 때를 만났기 때문이고 사람이 죽는 것도 그 때를 만났기 때문이야. 생전의 노담은 이러한 대자연의 법을 가르쳤지, 아닌가. 때에 머물며 자연의 도리에 따르는 생명에 기쁨이나 슬픔 따위 감정이 끼어들 필요가 없다네. 이러한 경지를 하늘의 속박에서 풀렸다 하는 거라네."

장작이 다 타버려도 그 불씨가 남아 한없이 이어지듯, 생명도 죽으면 끝나는 게 아님을 알아야 한다.

老聃死,秦失弔之,三號而出. 弟子曰:「非夫子之友邪?」 曰:「然.」「然則弔焉若此,可乎?」曰:「然. 始也吾以爲至人也,而今非也. 向吾入而弔焉,有老者哭之,如哭其子.,少者哭之,如哭其母. 彼其所以會之,必有不蘄言而言,不蘄哭而哭者. 是遯天倍情,忘其所受,古者謂之遁天之刑. 適來,夫子時也.,適去,夫子順也. 安時而處順,哀樂不能入也,古者謂是帝之懸解.」 指窮於爲薪,火傳也,不知其盡也.『莊子』「養生主」

어느 철학자의 문답:

철학자 김형석, 그가 우리에게 이렇게 묻고 있다:

내가 학교로 오고 있는데 어떤 학생이 뛰어오고 있었습니다. 그의 이마에는 땀방울이 흐르고 있었습니다. 만일 내가 그에게 "왜 그렇게 뛰어갑니까?"라고 묻는다면 그는 "강의시간에 늦어서 그렇습니다."라고 대답할 것입니다. 그리고 그 뒤에는 이런 대화가 이어질 것입니다.

"늦으면 어떻게 됩니까?"

"공부를 충분히 못합니다."

"공부를 많이 하면 어떻게 됩니까?"

"좋은 곳에 취직을 합니다."

"취직을 하면 무엇 합니까?"

"좋은 가정을 이루어 잘 삽니다."

"잘 살면 무엇 합니까?"

"잘 산 뒤에는 죽습니다."

그렇다면 긴 질문과 대답을 되풀이할 필요가 없이 식은 빼놓고 답만 쓰는 식으로 한다면 어떻게 됩니까?

"학생은 지금 왜 그렇게 열심히 뛰어가고 있습니까?"

"죽으려고 뛰어갑니다."라는 대답이 나올 뿐입니다.[28]

세상에서 인간으로 살아보니:

"영원히 변치 않는 것,

태양 아래 결코 존재하지 않아!

죽는다, 잠든다, 그것뿐이다!

잠은 단지 채색된 죽음일 뿐!

길가메시, 너는 필멸(必滅)의 인간이다."[29]

아름다운 시집을 보았다.

의사인 시인이 고인이 되신 남편의 그림에 붙인 시화집이었다.

남편이 덜컥 암에 걸렸는데 더이상 시간이 없다는 걸 알고 남편은 오래전부터 소망했던 그림 그리기를 시작했다. 연필을 사고 물감을 사고 제법 비싼 스케치북도 사서는 화실에 다니기 시작했다. 물컵도 그리고 손도 그리고 얼굴도 그리고. 아내인 시인의 모습은

28) 김형석 『영원과 사랑의 대화』, 파주:김영사,2021년,302-303쪽.

29) 김종환 譯 『길가메시』,지식을 만드는 지식 출판사,2023년,140쪽. 길가메시는 수메르 신화 속 인물이다. 고대 메소포타미아에서 군림한 반신반인의 영웅으로, 인류문헌사상 가장 오래된 기원을 가진 인류 최고(最古)의 서사시에 기록된 왕이다. 그에 대한 서사시는 기독교의 구약성서, 특히 대홍수와 노아의 방주를 연상케 하는 내용이 있어 흥미롭다.

그림을 잘 그리게 되면 그려주겠다고 했는데, 어느 날 떠나버렸다. 남편이 남겨 놓은 스케치북에 시인도 그림을 그리며 시를 쓰기 시작했다. 그것이 한 권 시집으로 나온 것이다.

> 그림을 그리고 싶었는데 시간이 없었던 사람이 있습니다. 결혼을 하고 아이를 낳아 기르고 돈을 벌다 보니 어느새 나이가 들었고 몸에 병이 생긴 사람입니다. 그림을 그리고 싶었는데 시간이 없었네 [30]

뱁새가 숲속에 둥지를 짓고 살 때에 필요한 것은 숲 전체가 아니라 나뭇가지 하나에 지나지 않는다. 이런 간단한 도리를 잊지 않는다면 우리는 더 많이 행복할 것이다. 생명이 살아가는데 절대 필요한 것과 부차적으로 필요한 것의 순위를 혼동하지 않을 것.

목숨만큼 중요한 게 있으랴. 자신의 일에도 타인의 일에도 이 일점을 기억하라.

모든 생명은 폭력을 두려워한다.
모든 생명은 죽음을 두려워한다.
이를 깊이 알아서
죄없는 생명을 함부로 죽이거나 죽이지 말라.[31]

---

30) 고영미 『세상에서 인간으로 살아보니』,서울:작품미디어,2022년,140-143쪽.

31) 석지연 역『법구경』,서울:민족사,2004년, 74쪽.

그러니 '생명'이라는 절대필요는 스스로에게도 남에게도 양보해선 안 되는 것.

그 외 부차적 필요는 절대 필요가 보장되었을 때 추구하는 것.

어떤 이의 가슴에 이 하나의 관점이 우뚝 서기까지 그의 삶은 꽤나 멋진 과정이었을 것.

에필로그

많이 아프고 많이 힘든 때,

터널 밖인데 또 터널일 때,

그럼에도 봄은 가고 여름이 올 때,

손을 내밀어도 잡아주는 손이 없을 때,

그때 빈손이어서 다행이었다. 그래서 내가 『장자』를 들고 읽을 수 있었으니.

장자가 말하길: "도를 알기는 쉽다. 알면서 말하지 않기는 어렵다. 알면서 말하지 않음은 하늘을 좇는 것이다. 알고 말함은 인위(人爲)의 차원이다. 옛 지인(至人)은 하늘을 쫓았다. (…) 성인(聖人)은 필연적인 일에 임할 때에도 필연으로 여기지 않으므로 마음속에 다툼이 없다. 사람들은 보통 필연적인 일이 아닌데도 필연으로 여기고 행동하므로 마음속에 다툼으로 가득 차서 다투는 마음에 따르니 밖에서 뭔가 찾고자 한다. 마음속 다툼대로 행동하면 망한다. 소인(小人)의 앎이란 선물이나 편지 따위 하잘것없는 일에서 떠나지 못하고 정신을 천박한 일에 지치게 만들면서도 자신이 도와 사물이 하나가 되는 경지에 도달할 수도 있을 것으로 생각한다. 이런 자는 우주 속에서 갈피를 못 잡고 유형(有形)의 사물에 마음이 어지럽혀져 태초의 묘리(妙理)를 알 수 없다. 지인(至人)은 정신을 시작도 끝도 없는 허무(즉 영원)의 상태로 돌아가게 하고 가시적인 것 너머의 무하유(無何有)의 경지에서 형체를 전혀 남기지 않

은 채 물처럼 흘러가니 지극한 청허(淸虛)이다. 애닯구나. 소인(小人)들이란! 아는 바는 털끝만큼이면서 위대한 안정(安靜)을 모르다니…."[32]

莊子曰:「知道易,勿言難. 知而不言,所以之天也.,知而言之,所以之人也.,古之至人,天而不人.」(…) 聖人以必不必,故无兵.,衆人以不必必之,故多兵.,順於兵,故行有求.兵,恃之則亡. 小夫之知,不離苞苴竿牘,敝精神乎蹇淺,而欲兼濟道物,太一形虛. 若是者,迷惑於宇宙,形累不知太初. 彼至人者,歸精神乎无始而甘冥乎无何有之鄕.水流乎无形,發泄乎太清. 悲哉乎! 汝爲知在毫毛,而不知大寧!『莊子』「列禦寇」

다시 말하지만 어떤 깨달음은 지식의 영역만으로 도달할 수 없다. 때문에 깨달은 자와 그 깨달음에 대한 글을 읽으며 깨달음을 구하는 자와의 거리는 수치(數値)로 잴 수 없다. 제각각의 거리이고 제각기의 시간이다. 삶이 인내라면 독서 역시 인내이다. 이러한 과정 자체가 느리고 답답해 보여도 우리를 제 방향으로 나아가게 해 주고 있다. 이 점을 믿길 바란다.

모호한 의미를 감당해 낸다는 것은, 우리가 앞으로 어떻게 살아가고 싶은지 깨닫는 과정에서 삶에 대해 심사숙고할 필요가 있다는 뜻이다. 그리고 외부의 세력이 우리에게 던지는 질문에 의존하지 말고 우리 스스로 삶의 핵심이

32) 옛 성인의 깨달음은 종교 사상의 교파를 떠나 통하고 있다는 느낌을 지울 수 없다. 장자가 말하는 "태초의 묘리"는 (대승)불교에서 말하는 "공(空)의 지혜"와 묘하게 통한다. "반야바라밀은 완전한 무(無)로서 텅 비어 있고 휑하니 아무 사물이 없는 것이다. 사물에 대하여 사물을 소유하지 않기 때문에 사물을 다스릴 수 있고, 지혜에 대해서 지혜가 없기 때문에 지혜를 운용할 수 있다."『출삼장기집(出三藏記集)』 권8제5「대소품대비요초서」

되는 질문의 답을 찾아야 한다는 것이다. 사실 이러한 질문에 명백하고 확실하며 보편적인 답은 없는데, 그렇다고 해서 결코 중요성이 축소되는 것은 아니며, 오히려 하루빨리 답을 찾아내야 한다. 쉬운 답이 없다고 해서 답이 없는 것은 아니다. 사실 쉬운 답을 원하는 것이 가장 큰 걸림돌이라고 할 수 있다. 자명하진 않더라도 자신에게 의미 있는 답을 찾으려는 우리의 시도를 방해할 수 있기 때문이다. 그 답이 자기 자신에게는 의미 있더라도 남에게는 그렇지 않을 수 있다. 하지만 답이 우리 마음속의 독특한 열정을 가득 품고 있다면, 우리는 삶을 살아갈 가치가 있다고 느낄 것이다. 그리고 시간이 지나며 우리가 계속해서 올바른 질문을 제기할 수 있는 능력을 갖추고 어떤 방식으로든 그 질문에 대한 답을 찾아낼 수 있다면, 우리는 삶을 재건해 낼 도구를 손에 넣을 수 있을 것이며, 내일의 우리는 오늘의 우리와 달라질 것이다. 기질의 부름은 이러한 변화를 가능하게 하고, 무언가 잘되어 가고 있다는 느낌이 들 때까지 이야기의 줄거리를 계속해서 다시 써나가도록 (적어도 당분간은) 우리를 밀어붙인다. 이 책은 그 부름에 관한 것이다. 우리가 어떤 사람이 되어야 하는지 일깨워 주는 불가사의한 지령에 관한 것이다.[33]

인쇄된 활자는 그것 자체는 고정된 사물에 속할 것이나 우리의 눈이 닿는 순간 뇌가 움직이고 신체의 오감이 동시적으로 느끼고 반응한다. 독서는 살아있는 활동이며 삶의 순간이자 생명의 기억이다. 삶의 모호함, 관계의 불편함, 미지의 두려움 그 모든 것들이 지금 우리가 읽고 있는 문장으로 스며들어 마냥 퍼져 나간다. 그 물무늬가 한없이 사랑스러워 마음은 끝이 없다…

33) 마리 루티(Mari Ruti) •이현경 譯『가치있는 삶』, 서울:을유문화사, 2022년,50-51쪽.

우리의 생명은 한계가 있지만, 앎(知)은 무한하다.

吾生也有涯,而知也无涯. 『장자(莊子)』「양생주(養生主)」

후기(後記)

"하늘은 너르고 땅은 오래간다.
하늘과 땅이 너르고 또 오래갈 수 있는 것은
자신만 살려고 하지 않기 때문이다."

'축(軸)의 시대'[34]의 중국의 성인 노자(老子)는 만물의 공생에서 진리를 찾았다.

사람들은 노자와 장자를 묶어 노장(老莊)이라고 부르며 그 사상을 "도가(道家)"로 분류한다.

---

34) 서기前 7C~서기前 3C 동안에, 인도 중국 그리스 중동 등에서 인류의 스승들이 한꺼번에 나타났다. 중국에서는 공자, 묵자, 노자 ; 인도에서는 자이나교, 붓다 ; 그리스에서는 피타고라스, 소크라테스, 플라톤 ; 중동에서는 예레미아, 이사야 등, — 이 스승들은 인류의 정신적 생활의 중심에 도덕성(道德性)을 갖다 놓았다. 궁극의 진리는 자비로운 삶에 있음을 가르쳤다. 카를 야스퍼스 (Karl Jaspers,1883~1969)는 이 시기를 '축(軸)의 시대(Axial Age)' 라고 명명했고. 카렌 암스트롱(Karen Armstrong,1944-)은 이렇게 단정했다. "실제로 우리는 '축의 시대'의 통찰을 넘어선 적이 없다. 정신적 사회적 위기의 시기에 사람들은 늘 '축의 시대'를 돌아보며 길을 찾았다"라고.

“도가(道家)의 학설은 사람으로 하여금 정신을 집중시켜 행동을 무형(無形)의 도에 합치하게 하고, 만물을 풍성하게 한다.”

— 사마천(司馬遷) 『사기(史記)』

이 만물을 풍성하게 하는 법이야말로 목전의 환경위기 앞에서 특히 코로나 팬데믹(COVID pandemic)을 거친 지금의 인류에게 절실하게 다가오는 철학이자 실천이 아닐까 싶다.

그리고 『장자(莊子), 내 안의 우주』란 책쓰기는 저자로서의 실천이다. 청소년 시절에 심취했던 문학과 중장년기의 정진으로서 입문한 학문을 양바퀴로 하여, 이제부터 한 사람의 저술가로 살고 싶다는 소망을 품고 시작한 첫 삽질이라 할 것이다.

우리 속담에 “첫 술에 배 부르랴”는 말이 있다.

고전을 다룬다는 것, 특히 사상서를 소개하는 일은 어쩐지 굉장히 특수한 분야처럼 느껴져서 저자로선 언젠가 하고 싶은 일이었지 지금 내가 나설 일이 아니었다. 그런데도 돌연 나서서 매듭을 지은 셈이라 약간의 설명이 필요하다. 『장자』가 난해 · 모호하다는 인식을 깨고 싶다는, 『장자』 본래의 신선함을 전하고 싶다는 가슴 속 소망이 생각보다 강렬했는지도 모른다.

다소 단도직입적인 저자의 '리뷰(review)'일 것이나 옛 현성(賢聖)의 가르침이라 하여 내가 읽고 느낀 그 이상을 끌어다 쓰고 싶지 않았던 때문이다. '사상즉실천'이 아니던가. 현재와 미래를 위해 나답게 성실하게 익히고 행할 뿐이다.

2025.7.3.